Ernst Reinhard Blottner / Die Dynamische Preisrechnung

Die Dynamische Preisrechnung

Neue Aussichten der betrieblichen Umsatzvermehrung

Von

Dr. Ernst Reinhard Blottner

DUNCKER & HUMBLOT / BERLIN

Gedruckt 1960 bei F. Zimmermann & Co, Berlin-Neukölln
Printed in Germany

Inhaltsverzeichnis

Tabellen-Verzeichnis

Numerierte Tabellen (preisrechnerische)

Unnumerierte Tabellen

A. Statistische Tabellen

B. Textliche Übersichts-Tabellen

Einführung

Jede einzelne Betriebswirtschaft besteht nur im Zusammenhang mit ihrer Volkswirtschaft. Dieser Zusammenhang erstreckt sich nicht nur auf die zwischenbetriebliche Arbeitsteilung. Er liegt auch in der vielseitigen Einflußnahme jedes Wirtschaftsbetriebes auf andere Wirtschaftsbetriebe und auf die Konsumenten durch die für die gelieferten Waren berechneten Preise. Dieser Einfluß jedes Wirtschaftsbetriebes ist also grundlegend für den gesamten volkswirtschaftlichen Güterkreislauf. Er vollzieht sich als preisrechnerischer und als preisbeeinflussender wirtschaftspolitischer Einfluß gegenüber den Wettbewerbern und Kunden.

Die Betriebswirtschaftslehre ist nicht, wie manche ihr Fernerstehende meinen, die Lehre von der rohen, gewaltsamen listigen Art des „Geldverdienens", vom bloßen Gewinnerzielen ohne Rücksicht auf dessen Art. Sie ist allerdings die Lehre von der Erzielung höherer Renditen, die Lehre von der Rentabilität des betrieblichen Handelns. Sie ist aber zugleich die Lehre von den Wegen der Produktivität, mit deren Hilfe die Renditen sich wirksam und dauerhaft erhöhen. Sie ist die Wissenschaft von den genauen, konkreten betrieblichen Vorgängen, in denen sich alles wirtschaftliche Geschehen allein vollzieht oder vollziehen muß.

Auch die Volkswirtschaft stellt nur die mehr oder koordinierte oder disordinierte Summe aller betriebswirtschaftlichen Vorgänge dar. Die Durchdringung der Volkswirtschaft und ihrer Lehren mit den betriebswirtschaftlichen Erkenntnissen nahm mit dem führenden und einzigartigen Wirken Schmalenbachs, etwa seit 1925, weit über Deutschland hinaus, einen bedeutenden Aufschwung. Wir tuen gut, auf diesem Wege fortzuschreiten. Die zunehmende Koordination des Zusammenwirkens der Betriebe in der Volkswirtschaft ist das Mittel der betriebswirtschaftlichen Erfolgserhöhung. Sie kann nur im betriebswirtschaftlichen Wirken selbst ihren Ursprung haben, und da dieses in der Preisrechnung sein Zentrum besitzt, nur in dieser.

Die koordinierende Wirkung der betrieblichen Preisrechnung ist aber bisher ebenso unzulänglich geblieben wie die beabsichtigte Koordinationswirkung der meisten wirtschaftspolitischen Maßnahmen. Die Preisrechnung wurde zwar als das wichtigste abschließende Mittel zur Gewinnerzielung im Wettbewerb benutzt. Sie wurde aber nicht allgemein als Mittel der Koordinierung von Angebot und Nachfrage erkannt. Die meisten Wirtschaftsbetriebe halten sich für sehr oder sogar für völlig abhängig von der Wirtschaftspolitik des Staates und ihrer Kartelle, d. h. für abhängig in ihrer Preisgestaltung. Nur wenige von ihnen haben sich durch ein intuitiv angewandtes fortschrittliches Verfahren der Preisrechnung eine autonome Stellung auf dem Markte geschaffen.

Aus diesen Erwägungen ergeben sich die Gesichtspunkte der vorliegenden Abhandlung. Tatsächlich liegt die wirtschaftliche Macht in der Marktwirtschaft weitgehend bei den Wirtschaftsbetrieben. Sie besteht in ihrer grundsätzlichen Macht zur Preisgestaltung, soweit diese nicht durch staatliche oder verbandliche Eingriffe beschränkt ist. Diese Macht wird also durch einen scharfen freien Wettbewerb nicht verringert, sondern vermehrt. Macht kann objektiv genutzt oder mißbraucht werden. Jeder Mißbrauch höhlt sie aus und legt sogar den Keim des Zweifels an ihr Bestehen in ihre Besitzer. Die Unternehmer müssen sich also als Betriebsbesitzer auf ihre preisgestaltende Macht besinnen, und diese in einer neuen, sehr zeitgemäßen, industriewirtschaftlichen Weise anwenden. So können sie die wirtschaftliche Welt, sie ordnend und ihr dienend gewinnen.

Jeder preisrechnerische Machtmißbrauch dürfte in Groß- und Mittelbetrieben gewöhnlich an dem allgemeinen Mangel der preisrechnerischen Erkenntnis liegen. Die unzulängliche koordinierende Wirkung der betrieblichen Preisrechnung kann nur auf ihrem bisher üblichen Verfahren beruhen. Es ist also notwendig, dieses Verfahren in seinem leitenden Prinzip und die Möglichkeit seiner Abwandlung zu erkennen.

Die Volkswirtschaft läßt sich nur durch ein richtiges, ihr gemäßes betriebswirtschaftliches Verfahren der Preisrechnung der Betriebe ausreichend für die ständige Ausdehnung der Umsätze koordinieren. Die Volkswirtschaft hängt mehr von dem Verfahren der Preisrechnung der Wirtschaftsbetriebe ab, als diese jemals mit irgendwelchen künstlichen dirigistischen Mitteln von den verbandlichen und staatlichen Lenkern der Volkswirtschaft gefördert werden können. Diese Einsicht ist zunächst eine Hypothese. Umsatzausdehnung und Gewinnerhöhung durch rationelle Preissenkungen bilden bisher überhaupt nur den Inhalt einer Praktiker-Hypothese ohne Verfahrensgestaltung und Beweiskraft.

In den Kapiteln I und II dieser Abhandlung werden deshalb die Zusammenhänge zwischen der betrieblichen Preisrechnung und ihren volkswirtschaftlichen Folgen in der Wirkung des Kaufkraftmechanismus ebenfalls in hypothetischer Weise, aber systematisch behandelt. Die anschließende Untersuchung der Kapitel III bis VIII beweist die vorausgeschickte Hypothese. Sie bietet anregende Beiträge zur besseren Ordnung der marktwirtschaftlichen Welt auf der Grundlage einer erfolgreicheren betrieblichen Gewinngestaltung durch die Umsatzvermehrung. In den Abschnitten IX und X werden volkswirtschaftliche und betriebswirtschaftliche Schlußfolgerungen aus der Untersuchung gezogen.

Die Hauptbegriffe, die in der vorliegenden im Juni 1959 abgeschlossenen Abhandlung entwickelt und behandelt werden: „Statische Preisrechnung" und „Dynamische Preisrechnung" sind als stehende Begriffe aufzufassen. Sie stellen Grundarten der Preisrechnung dar, nicht bloße Kennzeichnungen möglicher Eigenschaften der Preisrechnung. Die in der vorliegenden Abhandlung enthaltene Erkenntnis des volkswirtschaftlichen Kaufkräftemechanismus besteht in der Lehre von der kalkulatorischen Entstehung aller Kaufkräfte (im Kapitel II, 4 u. a.). Diese Lehre läßt sich zur kalkulatorischen Volkswirtschaftslehre ausbauen.

I. Die betriebliche Preisrechnung als volkswirtschaftliches Bindeglied und ihre ungenügende Wirkung infolge der Preiserhöhungen

1. Kostenrechnung und Preisrechnung

Die Kostenrechnung neuzeitlicher Produktionsbetriebe, vor allem der Industriebetriebe gliedert sich in zwei Säulen, die beide aus zwei Stufen bestehen. Sie läßt sich schematisch in folgender Weise darstellen:

Gesamtsystem der produktionsbetrieblichen Kostenrechnung

		Kostenstellenrechnung	Kostenträgerrechnung
1.	Kontroll-grundlagen a)	Kostenstellen-Zeitrechnung	Kostenträger-Zeitrechnung (Perioden-Nachkalkulation) b)
2.	Preisrechnungs-grundlagen c)	Zuschlagsrechnung in der Kostenträger-Zeitrechnung d)	Kostenträger-Stückrechnung (Vorkalkulation, Mengen-Nachkalkulation Fertigkalkulation e)

a) Besonders des Fertigungsbereichs.
b) Ist eine vollständige Nachkalkulation.
c) Abschließende Kostenrechnungsstufen.
d) Mittel der Kostenträger-Stückrechnung (preisrechnerisches Mittel).
e) Auch einschließlich der Standardkostenrechnung.

Die gesamte Kostenrechnung mündet in die Kostenträger-Stückrechnung oder preisrechnerische Kostenrechnung als Endrechnung. Diese wird in deutschen Betrieben überlieferungsgemäß meist kurzweg als „Kalkulation" bezeichnet. Für die Gesamtrechnung bis zur Preisfestlegung, also einschließlich des Gewinnzuschlags hat man dagegen keine andere Bezeichnung. Man sieht die angebotliche betriebliche Preisfestsetzung nach der kostenmäßigen „Kalkulation" als eine Handlung der betrieblichen Preispolitik an. Wir können für die vollständige Preisermittlung oder betriebliche Preisbildung – zweckmäßig sogar einschließlich des „preispolitischen" innerbetrieblichen Preisausgleichs – auch den klaren Begriff „Preisrechnung" verwenden[1]. Die preisrechnerische Kostenrechnung ist also der kostenrechnerische Teil dieser Preisrechnung.

[1] Auch der angelsächsische Begriff „pricing" hat nicht dieselbe Bedeutung.

Die Kostenstellen-Zeitrechnung geht zwar der gesamten Kostenträgerrechnung voraus. Andererseits bildet die Kostenträger-Stückrechnung als Mengen-Nachkalkulation[2] die Voraussetzung für den abschließenden kostenrechnerischen Teil der Preisrechnung: die kalkulatorische Endrechnung oder Fertigkalkulation[3]. Es ist dabei unerheblich, in welcher Form und in welchem Umfang die Mengen-Nachkalkulation durchgeführt wird. In der Fertigkalkulation werden die Zahlenwerte der Vor- und Nachkalkulation aufeinander abgestimmt.

Die Verwendung der Zeitrechnungs-Kostenzahlen innerhalb des gesamten Bilanzierungsverfahrens, ihre Übertragung aus der Betriebsbuchhaltung[4] in die Finanzbuchhaltung ist gewiß ein wertvolles und notwendiges Verfahren im gesamten betrieblichen Rechnungswesen eines entwickelteren Produktionsbetriebes. Das gilt besonders für die Heranziehung der Zahlen der Kosten-Zeitrechnung in der langfristigen und kurzfristigen Erfolgsrechnung.

Die periodenbezogenen Kostenzahlen werden aber nicht nur zur Feststellung der durch die Preisrechnung im Warenverkauf erzielten Geschäftserfolge angewandt. Sie dienen vielmehr zur Untersuchung des Grades und der Art dieser Erfolge oder Mißerfolge. Sie werden als Mittel zur Prüfung ihrer Fehlerquellen benutzt. Auch für die endgültige Preisbildung auf dem Markte oder, bei Kartellbindung, für den Markt stellen diese Kostenzahlen Kontrollzahlen dar.

Die Leistungen der einzelnen Kostenstellen können nur über die Kostenstellen-Zeitrechnung geprüft werden. Ebenso lassen sich die Erfolge von Entscheidungen der Betriebsleitung, z. B. über technische Entwicklungs- und Rationalisierungsfragen nur über die Kostenstellen-Zeitrechnung und die Kostenträger-Zeitrechnung nachprüfen.

Über die allgemeine bilanzrechnerische Aufgabe und die Kontrollaufgabe hinaus sind die Kostenzahlen aber letzthin die Grundlagen der gesamten Preisrechnung. In dieser, der entscheidenden rechnerischen Funktion jedes Wirtschaftsbetriebes fließen die Kostenzahlen zusammen. Es kommt jedoch sehr darauf an, wie das geschieht: wie die Kostenrechnung sich in der Preisrechnung auswirkt. Es kommt darauf an, ob ein niedriger Kostenstand sich in einem niedrigen, umsatzvermehrenden Preise äußert oder ob er sich auf einen hohen Gewinnzuschlag beschränkt.

---

[2] Auf Stück- oder Mengenserien bezogene Nachkalkulation (Kostennachrechnung).

[3] Dieser Ausdruck wurde u. a. in einem großen Industriebetrieb der metallverarbeitenden Industrie gebraucht, in dem der Verfasser eine Reihe von Jahren tätig war.

[4] Über die Betriebsabrechnung und den BAB.

2. Kooperation der Wirtschaftsbetriebe und unvollständige Koordination ihrer Tätigkeit durch die Preisrechnung

Die betriebliche Preisrechnung bringt die Angebotspreise auf dem Markte, und bei freier Preisbildung über die Angebotspreise die tatsächlichen Marktpreise zustande. Die Marktpreise verbinden die Wirtschaftsbetriebe untereinander und mit den keine dinglichen Leistungen[5] vollbringenden Konsumenten. Als solche treten die Arbeitsleistungen vollziehenden natürlichen Personen und die vorzugsweise Hoheitsleistungen[6] vollbringenden Gebietskörperschaften, besonders der Staat auf[7]. Die Marktpreise wirken kooperativ. Sie ergänzen die zwischenbetriebliche Arbeitsteilung zwischen den Angebots- und Nachfragebetrieben zur Arbeitsvereinigung. Sie vollziehen die gesamtwirtschaftliche Kooperation auch zwischen den Konsumenten und den Konsumgüter herstellenden und vertreibenden Wirtschaftsbetrieben.

Die kooperative Wirkung der Marktpreise genügt aber nicht. Erst wenn sie koordinierend wirken, und soweit sie koordinierend wirken, gleichen sie Angebote und Nachfragen, Kapazitäten der Betriebseinrichtungen und latenten Bedarf im Verkauf und Einkauf mengenmäßig aus. Tatsächlich besteht aber – etwa seit einem Jahrhundert – eine überwiegend disordinierend wirkende Preisgestaltung. Die Preise sind gegenüber den stets unbefriedigten, latenten Bedürfnissen der Bevölkerung, der Gebietskörperschaften und der Wirtschaftsbetriebe zu hoch, um sie ausreichend zu decken. Das könnte und müßte man als eine Folge ungenügender Produktivkräfte betrachten, wenn nicht gleichzeitig Produktionskapazitäten jeder fachlichen Art unbeschäftigt wären.

3. Tiefgreifende Dauerspannung zwischen Angebot und Nachfrage auf dem Markte

Seit einem Jahrhundert industrietechnischen und industriewirtschaftlichen Fortschritts sind der unbefriedigte Bedarf bei langfristig unbeschäftigten oder unterbeschäftigten Produktionskapazitäten und die ungenügende Nachfrage die Hauptmerkmale der Wirtschaftslage in allen Industrieländern der Welt: in alten und jungen. Nur zeitweilig hinken die Warenangebote hinter der Nachfrage her. Unabhängig von allen Konjunkturschwankungen, auch in Aufschwungszeiten bestand diese Spannung zwischen Nachfrage und Angebot. Nicht als eine natürliche Folge der bloßen Einschätzung der Marktverhältnisse trat sie auf, sondern als eine tiefgreifende Dauerspannung. Periodische Preisschwankungen mit einem langfristig anhaltenden Dauertrend der Preissteigerung kennzeichnen diese Entwicklung ebenso wie das fast völlige Versickern einer unermeßlichen

[5] Waren- oder Dienstleistungen.
[6] Politische Ordnungs- oder Rechtsleistungen.
[7] Politischer Quasi-Konsum z. B. für Rüstungszwecke.

Zahl von Kostensenkungen. Herbeigeführt durch eine wahre Flut von Rationalisierungsmaßnahmen gelangten diese nicht annähernd in den Preisen zur Auswirkung. Das gilt besonders für die letzten fünfzig Jahre, die erste Hälfte des zwanzigsten Jahrhunderts.

Trotz den vielseitigen und engen Zusammenhängen zwischen den Preissteigerungen und ihrer Äußerung im Geldumlauf, sind beide wirtschaftliche Erscheinungsformen verschiedenen Grades und verschiedener Art. Sie erfordern eine verschiedenartige Betrachtung. Preissteigerungen sind zunächst auf einzelne Waren oder Warengattungen bezogen. Inflationsvorgänge aber sind im Geldumlauf zur Auswirkung gelangende allgemeinere volkswirtschaftliche Preiserhöhungen. Als Inflationsquelle wird gerade die kalkulatorische Quelle der Preiserhöhungen bisher nicht genügend herausgestellt. Das aber geschieht nachfolgend[8].

4. Angebliche Vollbeschäftigung der Arbeitskräfte und Unterbeschäftigung der Wirtschaftsbetriebe

Die Dauerspannung zwischen den angebotlichen Produktivkräften und den nachfragenden Kaufkräften auf dem Markte führte zu einem Dauerbestand an Arbeitslosen. Auch abgesehen von den sogenannten Saisonarbeitslosen[9] gibt es seit der Jahrhundertwende in allen Industrieländern eine mehr oder minder beträchtliche Dauerzahl von Arbeitslosen. Jahrelang, ausgenommen die Kriegszeit, sinkt diese nicht unter einen hohen Mindeststand. Die nachfolgende Tabelle zeigt den Dauerbestand an Arbeitslosen im deutschen Wirtschaftsbereich.

Allen besseren Kennern des Wirtschaftslebens und seiner Geschichte ist es bekannt, daß die Arbeitslosigkeit seit dem Beginn des Industriezeitalters entstand und niemals völlig abriß. Es ist aber wertvoll, gerade hier, hier im Zusammenhang mit dem Beschäftigungsgrade der Wirtschaftsbetriebe durch die Aufweisung ihrer Zahlen erneut an sie zu erinnern. Sie hat nicht nur staatspolitische Ursachen wie die Reparationslasten des Dawes- und Youngplanes für Deutschland nach dem ersten Weltkriege, oder die zerstörten Produktionskapazitäten und den Flüchtlingszustrom in der Bundesrepublik nach dem zweiten Weltkriege. Sie bestand schon vor dem

[8] Vom Kapitel II ab. Über die Inflationsseite der Preiserhöhungen, dieses viel zu wenig beachtete und wissenschaftlich bearbeitete zentrale Schicksalsthema unserer neuzeitlichen Industriewirtschaft siehe *Röpke,* Wilhelm: Jenseits von Angebot und Nachfrage (Erlenbach–Zürich, 1958), 4. Kapitel, u. a. Abschnitt 6: Lohninflation. Röpke stellt die Arten der mehr oder minder offenen oder versteckten, rasanten oder schleichenden Inflation in einer anschaulichen, übersichtlichen Weise dar. Die von der hier behandelten Preiserhöhung durch die verallgemeinert angewandte Statische Preisrechnung (Kapitel III, 1) ausgelöste schleichende Inflation kann man – unter Bezugnahme auf ihre wesentliche Ursache – als Gewinnsatzinflation bezeichnen. Sie dürfte die inflationistische Hauptquelle der Gegenwart bilden.

[9] Sogar in der Bauindustrie ist ihr Anfall in Ländern mit einem gemäßigten Klima weitgehend überholt. Er dürfte sich noch stärker zurückdrängen lassen.

ersten Weltkriege, auch in Deutschland. Seit dem Anfange des zwanzigsten Jahrhunderts, seit fast sechs Jahrzehnten ist die Arbeitslosigkeit ein Hauptmerkmal des anormalen Güterkreislaufs der industriellen Gesamtwirtschaft. Zeitspannen der eindeutigen Vollbeschäftigung hat es bisher nur in den kriegswirtschaftlichen Rüstungsperioden und zu ihrer Liquidation gegeben. In diesen Zeitspannen war die Marktwirtschaft samt ihrer Art der Preisbildung weitgehend aufgehoben.

Die Zahl der Arbeitslosen in den Jahren 1921 – 1940 im Deutschen Reich und in den Jahren 1947 – 1958 in der Bundesrepublik Deutschland (in Millionen)

(Im Jahresdurchschnitt)

Jahr a)	Millionen	Jahr	Millionen	Jahr	Millionen	Jahr	Millionen
1921	0,311	1931	4,520	1941	0,044 b)	1951	1,432
1922	0,077	1932	5,576	1942	.	1952	1,379
1923	0,392	1933	4,804	1943	.	1953	1,259
1924	0,728	1934	2,718	1944	.	1954	1,221
1925	0,385	1935	2,151	1945	.	1955	0,770 d)
1926	1,683	1936	1,593	1946	.	1956	0,750 d)
1927	1,016	1937	0,912	1947	0,595 c)	1957	0,790 d)
1928	1,052	1938	0,430	1948	0,604 c)	1958	0,630 d)
1929	1,899	1939	0,119	1949	1,223	1959	
1930	3,076	1940	0,052	1950	1,580	1960	e)

a) Trotz der nicht unbeträchtlichen Unterschiede der Arbeitslosenzahlen der zwanziger Jahre in den verschiedenen Einzelquellen ist ihre Größenordnung etwa dieselbe. Die Zahlen von 1921 – 1928 enthalten die „Sonderfürsorgeempfänger" nicht. Die Gesamtzahlen lagen also noch höher.

b) Am 31. 5.

c) Am 30. 6.

d) Medianwerte zwischen den Januar- und Dezemberzahlen.

e) Der Höchststand an Arbeitslosen lag in vielen Jahren – durchweg nach 1945 – zum Jahresende (31. Dezember), teilweise bedeutend, über dem Stand im Jahresdurchschnitt.

Quellen: Woytinski, Wladimir: Zehn Jahre Neues Deutschland. Ein Gesamtüberblick in Zahlen (Berlin, 1929), S. 136: (1921 – 1928),
Statistisches Jahrbuch für das Deutsche Reich: 1939/40: S. 389 (1929 – 1939), desgl. 1941/42: S. 426 (1933 – 1941),
Wirtschaftskunde der Bundesrepublik Deutschland (hrsg. vom Statistischen Bundesamt, Wiesbaden, 1955), S. 74 (1949 – 1954),
Statistisches Jahrbuch für die Bundesrepublik Deutschland: 1954: S. 129, 1955: S. 119, 1956: S. 121, 1957: S. 127, 1958: S. 117, 1959: S. 121 (1955 – 1958).

Auch die unmittelbaren wirtschaftlichen Ursachen des chronischen und ehedem lawinenartig zunehmenden Beschäftigungsmangels der Industriebetriebe und ihrer Arbeitnehmer sind bekannt. Es waren und sind die Auftragsrückgänge im Kampf um den Weltmarkt, die Überkapazitäten, die besonders durch starke Rationalisierungsmaßnahmen entstehen und zu Entlassungen von Arbeitsnehmern führen sowie die Kostensteigerungen, die sich aus allen derartigen Vorgängen ergeben.

Man begnügte sich lange damit, diese vielseitig verflochtenen Erscheinungen mit einem Entwicklungs- und Kreislaufgesetz zu erklären, das in den angeblich unabänderlichen Konjunkturschwankungen liegen sollte. Oder man deutete sie von sozialistischer Seite apodiktisch mit der in der Frühzeit der „Kapitalismus" genannten Industriewirtschaft allgemein bestehenden Ausbeutung, d. h. der Unterbezahlung der Arbeitnehmer, indem man diese einseitig-konstruktiv auf die Lohnarbeiter bezog. Derartige Erklärungen reichen aber nicht aus.

Eine wirkliche Erklärung des chronischen industriewirtschaftlichen Beschäftigungsmangels kann nur im Kaufkräftemechanismus gefunden werden, weil allein dieser die Leistungen der vielen Wirtschaftsbetriebe miteinander verbindet. Schon der Begriff „Konjunktur" weist auf die entscheidende Bedeutung dieser Leistungsverbindung hin. Der Beschäftigungsmangel der Wirtschaftsbetriebe ist aber – entgegen den Auffassungen der Konjunkturlehre – kein notwendiger, normaler, periodischen Verstärkungen und Abschwächungen unterliegender Vorgang. Der Beschäftigungsmangel ist vielmehr in der Industriewirtschaft grundsätzlich, funktionell anormal, also sinnwidrig, weil er ihren erhöhten Beschäftigungsmöglichkeiten widerspricht. Diese vermehren sich infolge der zunehmenden Produktivkräfte ständig[10].

Also muß die Urquelle des Beschäftigungsmangels in den Mitteln des Kaufkraftmechanismus oder in ihrer falschen Anwendung liegen. Dessen Mittel bestehen nicht nur in der Höhe der Nominaleinkommen der Arbeitnehmer als der wichtigsten Massenkonsumenten. Sie bestehen ebenso oder noch mehr in dem Stande der Warenpreise aller Konsumartikel, die das Realeinkommen aller Konsumenten bestimmen.

Der dauerhafte Beschäftigungsmangel, die ständige Arbeitslosigkeit entsprechen nicht den Produktionsbedingungen, den Produktivkräften des Industriezeitalters. Er war wohl in den antiken Großstädten unvermeidlich, welche Sammelstätten proletarischer Bevölkerungsüberschüsse waren, ohne daß der sich entwickelnde Handwerksstand diesen genügend Beschäftigung geben konnte.

[10] Mit der einzigen Ausnahme ihrer teilweisen Zerstörung im Kriege.

Der Beschäftigungsgrad der neuzeitlichen Wirtschaftsbetriebe[11], besonders der Industriebetriebe, dürfte aber vielfach noch weit geringer sein, als man nach ihren durchschnittlichen Umsätzen und nach der immerhin schwankenden Zahl von Arbeitslosen vermuten kann. Wer jemals in größeren Industriebetrieben tätig war, weiß, daß in vielen von ihnen – sogar in Zeiten der Hochkonjunktur – zahlreiche Maschinenaggregate, Teile voll ausgestatteter Werkstätten, leere oder halbbestückte Fabriksäle unausgenutzt blieben. Das gilt besonders für Gemischtfertigungsbetriebe der metallverarbeitenden Industrie. Nicht nur um selten einsetzbare Spezialmaschinen und -geräte handelte es sich dabei, sondern auch um Universalschinen, Vielzweckmaschinen. Zu derartigen lahmliegenden Produktionsmitteln gehören nicht nur voll oder überwiegend abgeschriebene oder in ihrer Leistungsfähigkeit veraltete Stücke, für die schon Ersatzstücke benutzt werden. Jeder Kenner dieser Verhältnisse weiß, daß manche Fabrikbetriebe zahlreiche leistungsfähige Maschinen sogar auf Reservelager legten, um sie günstigstenfalls wieder einmal einsetzen zu können. Auch gegenwärtig dürften viele Betriebe ähnlich verfahren.

Wie stark unsere Fabriken in der Regel mit Überkapazitäts-Elementen versorgt sind, hat auch die riesenhafte sowjetische Demontage-Aktion in der sowjetischen Besatzungszone Deutschlands in den Jahren 1945 und 1946 bewiesen. Obgleich damals viele sowjetzonale Fabriken total und die meisten zu einem hohen Prozentsatz demontiert wurden[12], waren die verfügbaren, teilweise aus Fabriktrümmern ausgegrabenen und wiederhergestellten Maschinen, Geräte und anderen Fabrikeinrichtungen noch zahlreich genug. Der alte Kapazitätsstand der Produktionseinrichtungen der Industrie wurde in etwa vier Jahren in der Sowjetzone annähernd, auch durch Ergänzungen mit neuen Produktionsmitteln, soweit wiederhergestellt, wie er sich tatsächlich, mit den verfügbaren Arbeitskräften nutzen ließ.

Die mehr oder minder versteckten betrieblichen Überkapazitäten zahlreicher Wirtschaftsbetriebe lösen zwar die Progression der fixen Kosten nicht unmittelbar aus. Sie tragen aber durch die Erhöhung des absoluten Standes der fixen Kosten zur beständigen Kostenvermehrung und dadurch auch mittelbar zur Umsatzbeschränkung und progressiven Wirkung der fixen Kosten bei. Unter anderem werden schon durch ungenügend genutzte Raum-Kapazitäten infolge ihrer langfristigen Abschreibung die Raumkosten erhöht. Eine kurzfristige Abschreibung erhöht sie noch stärker. Dasselbe gilt für die technischen Einrichtungen des Betriebes. Hier liegen also wichtige Elemente der fixen Gesamtkosten vor, die bei dem

[11] Über die von der Arbeitnehmer-Beschäftigung zu unterscheidende Betriebs-Beschäftigung siehe *Schäfer,* Erich: Beschäftigung und Beschäftigungsmessung in Unternehmung und Betrieb (Nürnberg, 1931) bes. S. 60 ff. u. S. 140 ff.

[12] Siehe *Harmssen,* G. W.: Reparationen, Sozialprodukt, Lebensstandard. (Bremen, 1948) H. 1, S. 113–124.

chronischen und großenteils versteckten Beschäftigungsmangel der Betriebe zu dem seit ganzen Geschlechterfolgen sich vollziehenden Prozeß der Preiserhöhungen entscheidend beitragen[13].

Der übliche Teil-Leerlauf unserer Fabriken legt allerdings die Frage nahe wo sich eigentlich die – wenigstens in den Aufschwungzeiten – annähernd „vollbeschäftigten" Arbeitskräfte befinden. Ein erheblicher Teil der beschäftigten Arbeitstätigen wirkt dann allerdings in den Betrieben, aber nicht in den Fabrik-Sälen und -Hallen, sondern in den unzähligen, ständig an Zahl und Umfang zunehmenden Lagern, Büros, Kontrollstellen, Forschungsstellen und anderen Gemeinkostenstellen. Das Verhältnis der Anzahl der Angestellten zu der Zahl aller Arbeiter und besonders zu der Zahl der Fertigungsarbeiter hat sich im Laufe der letzten Jahrzehnte in vielen Industriebetrieben stetig verschlechtert. Die Ursache lag nur teilweise in grundlegenden Verbesserungen der Fertigungsverfahren. Diejenigen der sogenannten Meßziffern oder Kennziffern, welche jenes Verhältnis der produzierenden zu den nicht produzierenden Arbeitskräften in einem Wirtschaftsbetriebe und für ganze Industriezweige angeben[14], gehören zu den viel zu wenig beachteten entscheidenden Maßstäben der rationellen Arbeitsweise von Fabrikbetrieben[15].

Außerdem pflegen – in Wirtschaftsperioden zunehmender staatlicher Lenkung besonders stark – die Behördenbetriebe mittels überhöhter Steuerlasten und wachsender Staatsausgaben[16] laufend Arbeitskräfte relativ unproduktiv zu binden. Das freie Kapital, das alle derart bürokratisch beschäftigten Arbeitskräfte rationell einsetzen könnte und müßte, kann sich aber ebenfalls nicht betätigen. Es ist gleichfalls relativ unproduktiv, z. B. in überspannten Selbstinvestitionen, in Spekulationen, faulen Gründungen tätig. Oder es befindet sich „arbeitslos" im Strickstrumpf bäuerlicher Bevölkerungskreise. Es ist ein vagabundierendes Kapital und kommt nur zeitweilig, in Aufschwungperioden zur fruchtbaren Wirkung.

Aus allen diesen Gründen sind die Fertigungs-Gemeinkosten und die fixen Kosten, auch abgesehen von der periodischen Progression ihrer Auswirkung, im Zeitdurchschnitt in den meisten Wirtschaftsbetrieben viel zu hoch[17]. Sie wirken sich bei jeder Konjunkturverschlechterung als schwere progressive Kostenbelastung preisrechnerisch aus. Dasselbe gilt für die Entwicklungskosten der Fabrikbetriebe. Diese wurden vielfach aus Ver-

---

[13] Siehe auch Kapitel VIII, 3.

[14] Diese sind von den sowjetischen Kennziffern der Staatlichen Planwirtschaft scharf zu unterscheiden.

[15] Siehe *Blottner*, R.: Bessere Nutzbarmachung der Wirtschaftsgruppenstatistik (in: Die Deutsche Volkswirtschaft, 1939, Nr. 8). Ferner *Antoine*, Herbert: Kennzahlen, Richtzahlen, Planungszahlen (Wiesbaden, 1956).

[16] Über das Gesetz der wachsenden Staatsaufgaben siehe *Wagner*, Adolf: Theoretische Sozialökonomik (Erste Abt., Leipzig, 1907), S. 105 ff.

[17] Siehe bei *Schmalenbach*, Eugen: Der Freien Wirtschaft zum Gedächtnis (Köln-Opladen, 1949), S. 83 ff.

zweiflung aufgewandt, um dem mehr oder minder chronischen Beschäftigungsmangel abzuhelfen, um die Gewinne zu erhalten oder zu normalisieren.

5. Disordinierende Wirkung primärer Gewinnsatz-Überspannungen

Alle diese auf den tiefgreifenden Dauerspannungen zwischen dem Angebot und der Nachfrage beruhenden Disordinationsvorgänge auf dem Waren-, Arbeits- und Kapitalmarkte[18] werden von der disordinierenden Wirkung der Angebotspreise verursacht, die überwiegend nicht in vollem Maße dem Sinn des Marktmechanismus entsprechen. Besonders das Hauptmerkmal aller irregulären Marktvorgänge, der periodisch – in Aufschwungzeiten – und langfristig beharrlich steigende Trend der Marktpreise wird von den meist, entgegen den Kostensenkungen steigenden Angebotspreisen hervorgerufen. So können wir zunächst schlußfolgern.

Die Spannung zwischen der Selbstkostengrundlage und dem Angebotspreis auf dem Markte, die Gewinnspanne ist bei vielen Waren zu groß. Sie ist in unzähligen Industriebetrieben der Produktion von Massengütern so groß, daß sie umsatzsenkend wirkt, die Kosten erhöht und mit der Aufzehrung der vorhergegangenen Kostensenkungen selbst sehr schnell wieder sinkt. Auch durch den sinkenden Marktpreis wird der Gewinnsatz bei vielen Waren bald geschmälert. Die Gewinnsätze sind vor allem am Anfang neuer Preisrechnungen, nach jeder neuen Kostensenkung zu hoch. Die nicht mehr beharrlich gewinnstrebige, sondern ungeduldige, gewinnsüchtige Geschäftsinitiative verhindert die allmähliche, fest im Massenabsatz verankerte, also gesicherte Erhöhung der Gewinnsätze (Gewinnzuschläge) und Bilanzgewinne. Sie unterbindet eine Erzielung von Bilanzgewinnen, die alles in den letzten Jahrzehnten – wenigstens in den europäischen Wirtschaftsbetrieben – zeitweilig Erreichte weit in Schatten stellen würden.

Der allseitige kooperative Kampf um die Einkommensverteilung, der nicht nur in der Festlegung der Arbeitnehmer-Einkommenstarife wirkte, sondern ebenso in der Bildung der Warenpreise nach wie vor zur Auswirkung gelangt, disordiniert dagegen den gesamten Wirtschaftskreislauf in vielfacher Weise. Auch langfristige Aufschwungperioden dürfen darüber nicht täuschen.

[18] Einschließlich des Geldmarktes.

II. Gewinnorientierung der Preisrechnung: statischer und dynamischer Grundsatz

1. Der maßvolle optimale, dynamisch wirkende, umsatzerhöhende Gewinnsatz

Die Bestrebung, durch einen maßvollen Gewinnsatz den Umsatz einer Ware zu vermehren und dadurch den Gewinn an ihr zu erhöhen, ist eine dynamische Bestrebung. Sie überträgt die natürliche Dynamik der gewachsenen und weiter zunehmenden industriellen, d. h. maschinellen Produktivkräfte[1] in die Preisrechnung. Die zunehmenden Produktivkräfte erfordern eine ständig erweiterte, möglichst vollständige Ausnutzung. Durch die Ansetzung eines angemessenen preisrechnerischen Gewinnsatzes wirkt die Preisrechnung grundsätzlich umsatzvermehrend. Die Dynamik der Umsatzerweiterung wird zur Dynamik der Preisrechnung.

Schon *Schmalenbach* beurteilte die Ansetzung des richtigen, zweckmäßigsten Gewinnzuschlages als entscheidend:

„Der Gewinnzuschlag neben der richtigen Selbstkostenrechnung ist das wesentliche Mittel der Preispolitik, um den nach den Umständen besten Beschäftigungsgrad und die nach den Umständen beste Beschäftigungsart zu erreichen"[2].

Schmalenbach fügte hinzu, daß es notwendig ist, in jedem Produktionsbetriebe[3] überlastete Betriebsteile durch höhere Bruttogewinnzuschläge zu entlasten, hingegen beschäftigungshungrige Betriebsteile durch niedrigere Gewinnzuschläge stärker heranzuziehen, d. h. mit Beschäftigung zu versorgen. Schmalenbach setzt nach seiner umfassenden Erfahrung als selbstverständlich voraus, daß in der Regel Preissenkungen zu Umsatzvermehrungen und Preiserhöhungen zu Umsatzverminderungen führen. Er gibt eine Regel an, nach der die umsatzgestaltenden Preisveränderungen sich gewinnerhöhend nutzen lassen. Die Entlastung oder stärkere Heranziehung der einschlägigen Kostenstellen erfolgt nach dieser Regel bei gemischter Fertigung durch die Preiserhöhung oder die Preissenkung für die betreffenden Kostenträger. Ebenso gilt diese Regel auch für eine Kostenträgergruppe mit einheitlicher Kostengestaltung sowie bei Monofertigung und Divisionskalkulation in vereinfachter Weise.

---

[1] Auch in der landwirtschaftlichen und handwerklichen Produktion kommen diese zur Wirkung.

[2] Siehe *Schmalenbach,* Eugen: Kostenrechnung und Preispolitik (7. erweiterte u. verbesserte Aufl., bearbeitet v. R. Bauer, Köln u. Opladen, 1956), S. 495.

[3] Ceteris paribus gilt für Handelsbetriebe Ähnliches.

Von der unter Umständen sehr vorteilhaften, auch ohne Kostenprogression möglichen Erweiterung der Produktionskapazitäten ist in der angeführten Schmalenbachschen Preisrechnungsregel allerdings noch abgesehen. Soweit eine rationelle Vermehrung der Produktionskapazitäten möglich ist, gilt die Schmalenbachsche Regel auch für einen beschäftigungshungrigen Gesamtbetrieb, gleich ob dieser eine Monofertigung mit Divisionskalkulation oder eine gemischte Fertigung mit Zuschlagskalkulation besitzt. Die angeführte Regel läßt sich also je nach den vorliegenden Voraussetzungen und unter Anpassung an sie weitgehend anwenden. Wir werden weiter hinten auf ihren aktiven Gebrauch noch zurückkommen[4], einen Gebrauch, der sie etwas einschränkt.

Trotz ihrer auf die gemischte Fertigung und die einzelnen, in dieser wirkenden Betriebsteile oder Kostenstellen begrenzten Formulierung enthält die *Schmalenbachsche Entlastungs- und Belastungsregel*[5] bereits das dynamische Prinzip der Gewinnsatzgestaltung. Schmalenbach nennt die von ihm angeführte Festlegung rationeller Gewinnsätze zwar nicht dynamisch, aber er kennzeichnet sie als beweglich und fordert sie. Er empfiehlt sie im Gegensatz zu starren, ohne Rücksicht auf die Betriebskapazitäten angesetzten Gewinnzuschlägen.

Schmalenbach richtet seine Gewinnzuschlagsregel allerdings nur nach den innerbetrieblichen Verhältnissen: der Art der Zusammensetzung der Produktionskapazitäten, der Anpassung der Warenangebote an diese. Er geht auf die volle, zweckmäßigste Art der Nutzung der bestehenden Betriebskapazitäten, nicht aber zugleich auf die Bedingungen für deren Ausweitung aus. Von Erwägungen über den Bedarf der Verbraucher und die Nachfragegestaltung auf dem Markte sieht er in diesem Zusammenhange ab. Wir wollen dagegen auch diese Bedingungen des Umsatzes und der Kostengestaltung heranziehen.

Es gilt also ein Verfahren zu finden, mit dem der maßvolle, für die beschäftigungshungrigen Produktionskapazitäten erforderliche Gewinnsatz sich ermitteln läßt. Es ist unsere Aufgabe, zu erkennen, wie man den Gewinnsatz überhaupt zur Umsatzvermehrung, zur Bedarfsdeckung und Gewinnerhöhung meßbar macht. Dazu müssen wir den Gewinnsatz in seinen grundsätzlichen Zusammenhängen mit dem absoluten Gewinn, mit dessen Zielsetzung – der Kapitalbildung – mit der Umsatzvermehrung sowie mit der Kostenlage eingehender untersuchen. Schließlich müssen wir das statische Prinzip der Preisrechnung, das sich aus der statischen Festlegung des Gewinnsatzes ergibt, ebenso prüfen, wie das dynamische Prinzip der Preisrechnung, das aus dem dynamischen Prinzip der Gewinnsatzgestaltung folgt.

---

[4] Siehe z. B. Kapitel IV, Abschnitt I ff.

[5] Wahl der kapazitätsmäßig rationellsten Kundenaufträge usw.

2. Der maximale kontinuierliche Gewinn

Es kommt darauf an, durch die Festlegung optimaler preisrechnerischer Gewinnsätze die absoluten optimalen Kostenträgergewinne und über diese den optimalen Bilanzgewinn der betriebsgebundenen Erfolgsrechnung[6] zu erzielen. Jeder Bilanzgewinn ist periodenbezogen und steht deshalb als ein Glied in der zeitlichen Folge der Bilanzgewinne[7], gleich ob es sich um die Jahresgewinne oder um die Gewinne der kurzfristigen Erfolgsrechnung handelt. Ebenso wie die Bilanz als Ganzes ist der Bilanzgewinn dem Kontinuitätsprinzip unterworfen. Schon in seiner Kontinuität liegt ein dynamisches Element: die Forderung der Erhaltung seiner Höhe oder seiner Zunahme oder überhaupt die Möglichkeit seiner Veränderung. Während die Gewinnsätze auch statisch, d. h. fest sein können, sind die Brutto-Bilanzgewinne immer dynamisch, also veränderlich.

Auch die Kostenträgergewinne sind kontinuierlich und müssen kontinuierlich in ihrer Höhe erhalten werden oder zunehmen. Senkungen des Marktpreises können zwar grundsätzlich den an einer Ware erzielten Gewinn vermindern. Langfristig, also vielleicht in der nächsten oder in einer folgenden Produktionsperiode steigt der Gewinn an der verbilligten Ware jedoch mit der zunehmenden Kaufkraft und der Umsatzvermehrung wieder. Sinkt auch der Angebotspreis durch abnehmende Kosten, so tritt auch vorübergehend keine Senkung des Gewinns an der betreffenden Ware ein.

Optimal sind nicht die für eine kurze Periode, z. B. für einen Monat zu erzielenden maximalen Kostenträgergewinne samt dem Bilanzgewinn. Optimal ist nur der kontinuierlich, d. h. der in einer längeren Produktionsperiode erreichbare höchste Gewinn eines Kostenträgers und entsprechend der in ihr erzielbare maximale Brutto-Bilanzgewinn.

Optimale Bilanzgewinne entstehen durch *optimale Kostenträgergewinne*. Diese kommen durch *optimale Gewinnsätze* zustande. Optimal sind aber bei allen Massenerzeugnissen im Regelfalle die relativ niedrigen Gewinnsätze. Sogar bei eindeutigen Monopolwaren[8], z. B. bei patentgeschützten Artikeln mit einem hohen Nutzwert[9] läßt sich mit optimaler Erfolgsaussicht kein beliebiger Gewinnsatz verwenden, also kein beliebiger, überhöhter Kostenträgergewinn erreichen. Der optimale Gewinnsatz ergibt sich bei derartigen Waren aus einem Preis, der auch ihrem Käufer noch eine annehmbare Kostensenkung und Gewinnerhöhung gestattet. Auch die

[6] Also unter Ausschließung der betriebsfremden und neutralen Erfolgsrechnung.

[7] Brutto-Bilanzgewinne einschließlich der etwa in einem Lande bestehenden und nicht unter Kosten verrechenbaren Umsatzsteuer, sowie einschließlich ähnlicher Gewinnverwendungen (z. B. Spenden).

[8] Bei denen die Monopoleigenschaft nicht in der Verbandsbindung des Betriebes, sondern in der Ware liegt.

[9] Kostenersparniswert.

Konsumenten rechnen bei ihren Käufen mit derartigen Kostensenkungen. Der Umsatz steigt bei jeder Ware mit der Leistung, die sie im Verhältnis zu ihrem Preise bietet.

Wir werden später eindeutig, d. h. durch einen mathematischen Nachweis und eine zahlenmäßige Berechnung[10] erkennen, daß gerade ein maßvoll angesetzter Gewinnsatz bei gleichzeitig aktiv betriebener Kostensenkung oder bei der Nutzung eines schon vorliegenden niedrigen Kostenstandes zur ständigen Erhöhung des betreffenden Kostenträger-Gewinnanteils und mithin des Brutto-Bilanzgewinns führt. Wir werden feststellen, daß eine gesicherte Gewinnerhöhung und die Stärkung aller Nachfrage-Kaufkräfte miteinander gleichgerichtet zusammenhängen. Hier halten wir zunächst fest, daß die dynamische Wirkung des Gewinnsatzes und mithin des Preises überhaupt in einer Veränderung des Kostenträgergewinns und des Bilanzgewinns besteht. Ebenso stellen wir fest, daß der dynamische Charakter des Gewinnsatzes gerade in seinem Tiefstande vorliegt, weil die Dynamik des Kostenträger- und Bilanzgewinns sich in deren langfristiger ständiger Zunahme äußert.

Der Prozeß der kontinuierlichen Gewinnerzielung ist unter allen Umständen, auch bei der Mißachtung ihrer Steigerungsbedingungen ein dynamischer. Zunächst erscheinen ein dynamisch wirkender, d. h. ein tieferer Gewinnsatz und ein dynamisch erzielter, d. h. ein höherer Kostenträger- und Bilanzgewinn als unvereinbar miteinander. Es wird sich jedoch herausstellen, daß sie sogar untrennbar miteinander verbunden sind.

Der Schmalenbachsche Begriff der „Dynamischen Bilanz" weist keine unmittelbaren Beziehungen zu dem dynamischen Gewinnsatz und dem dynamischen Gewinn auf[11]. Schmalenbach versteht unter „Dynamischer Bilanz" die durch die Erfolgsrechnung entstehende Erfolgsbilanz oder Aufwands- und Ertragsbilanz. Auch bezieht er die Bestandsveränderung durch das in der Erfolgsbilanz zum Ausdruck gelangende betriebliche Erfolgsbemühen in die „Dynamische Bilanz" im weiteren Sinne ein[12]. Er kennzeichnet den dynamischen Charakter der gesamten betrieblichen Erfolgs- und Bestandsrechnung und Bilanzierung durch die betrieblichen Erfolgsbemühungen. Mittelbar, auch durch die Hervorhebung der Bilanzkontinuität besteht also dennoch eine Ähnlichkeit zwischen der Bilanzdynamik und der Gewinndynamik, die nur eine letzte Schlußfolgerung aus der Schmalenbachschen Erkenntnis des dynamischen Prinzips der betrieblichen Rechnungsführung ist.

---

[10] Im Kapitel III.

[11] Siehe *Schmalenbach*, Eugen: Dynamische Bilanz (unter Mitwirkung von R. Bauer, 12. Aufl., Köln u. Opladen, 1956) S. 27.

[12] Im Abschnitt F, a.a.O., bei der Behandlung der Bestandsbilanz.

3. Zwei Ziele des Gewinnansatzes: Investitionsausdehnung durch Gewinnerhöhung und Gewinnerhöhung durch die Umsatzvermehrung

Die Beschränkung des preisrechnerischen Gewinnansatzes auf das Ziel der unmittelbaren Kapitalvermehrung und Investitionsausdehnung drängt zur unmittelbaren jederzeitigen Erhöhung der Gewinnsätze. Sie verführt besonders dazu, Kostensenkungen – vor allem in Perioden der allgemeinen Zunahme der Nachfrage und Umsatzausdehnung – sofort zu einer sprunghaften Erhöhung der Gewinnsätze zu benutzen. Die unvermeidbare Folge: eine Umsatzverminderung und Gewinnsenkung wird dabei nicht berücksichtigt. Sie wird außer Acht gelassen, weil sie erst kontinuierlich, auf längere Frist[13] eintritt. Eine dauerhafte Gewinnerhöhung kann bei diesem kurzsichtigen, gesamtwirtschaftlich planlosen Preisrechnungsverfahren nicht zustandekommen. Auch anderen, wirtschaftspolitischen Quellen der Umsatzvermehrung wirkt es entgegen. Die Kaufkraft der Nachfrage nimmt bei ihm nicht in angemessener Weise an der Kostensenkung teil. Durch Entlassungen von Arbeitskräften im Zuge von Rationalisierungsmaßnahmen nimmt sie auf dem Markte sogar ab, wenn diese stoßweise erfolgen. Früher oder später, bisweilen sogar recht schnell, entsteht auf diese Weise eine Gewinnsenkung.

Diese Gewinnsenkung wird der Verschlechterung der Marktlage als der großen Unbekannten zugeschoben. Der Markt wird zum Schuldigen erklärt. Von der erneuten Verbesserung der „Marktlage" wird die Verbesserung der Umsatzgröße samt der Gewinnerhöhung erwartet. Dem Markt wird schließlich auch das Verdienst für den später durch zwangsläufige Preissenkungen erfolgenden Umschwung der Umsatzstockungen und -rückgänge zugeschrieben. Auf diese Weise kommen die Konjunkturzyklen zustande.

Berücksichtigt man aber bei der Ansetzung der preisrechnerischen Gewinnsätze von vorneherein auch – oder sogar vorrangig – das Ziel der Umsatzausdehnung, so vollzieht sich der gesamte Umsatzprozeß in einer anderen Weise. Durch die angemessene Stärkung der Kaufkraft der Verbraucher nimmt der Umsatz der preisgesenkten Waren ständig zu. Die Gewinnbeiträge der betreffenden Kostenträger steigen, der Bilanzgewinn erhöht sich allmählich.

Durch die Beschränkung der Gewinnansätze auf die Zielrichtung der unmittelbaren Kapitalvermehrung werden die Umsätze der Investitionsgüterindustrie langfristig keineswegs stärker gefördert als die Umsätze der Konsumgüterindustrie. Sie werden vielmehr beide in ihrer Zunahme gehemmt. Diese Folge tritt wenigstens in einer vollentwickelten industriellen Markt-Volkswirtschaft ein. In dieser können bei einer so einseitigen

---

[13] On the long run.

Zielsetzung gerade größere Rationalisierungsmaßnahmen nicht ohne Schaden, d. h. auf „Kosten" der Konsumgüter-Umsätze stattfinden. Dadurch wird auch die Kaufkraft der Konsumgüterindustrie vermindert. In gleicher Weise vollzieht sich die gewaltsame Betreibung der Kapitalbildung durch überhöhte preisrechnerische Gewinnsätze von der Grundstoffindustrie aus. Von ihr aus erfolgt sie sogar in besonders disordinierender Weise, weil sie sich auf die Kartellpreise stützen kann und weil ihre Erzeugnisse kurzfristig in die Kostenrechnung der Betriebe aller anderen Industriezweige eingehen.

Es ist also notwendig, die beiden Zielsetzungen der Preisrechnung: Ausdehnung der Kapitalbildung und unmittelbare Vermehrung des Umsatzes einer Ware durch ihre enge Verbindung in der preisrechnerischen Gewinnansetzung zu berücksichtigen.

Die Kostensenkung ist nicht nur das normale Mittel der Gewinnerhöhung, sondern zugleich das einzige Mittel einer dauerhaften Preissenkung und Umsatzvermehrung. Sie läßt sich einerseits unmittelbar in vollem Umfange oder vorwiegend für die Gewinnerhöhung nutzen. In diesem Falle hat sie keine umsatzvermehrende Wirkung. Ihre gewinnerhöhende Wirkung versickert schnell und schlägt schließlich in eine Gewinnsenkung um. Die Kostensenkung läßt sich aber andererseits auch mittelbar, d. h. über die Preissenkung und Umsatzvermehrung zur Gewinnerhöhung verwenden. Sie läßt sich ganz oder überwiegend zur Preissenkung verwenden. In diesem Falle versickert ihre gewinnerhöhende Wirkung nicht. Sie kommt langsam zum Zuge, aber sie wirkt kontinuierlich und unter Umständen progressiv. Deshalb ist eine allmähliche anstelle der meist üblichen sprunghaften Gewinnerhöhung nach jeder Kostensenkung notwendig.

Die Spannung zwischen der Selbstkosten-Preisgrundlage und dem Angebotspreis einer Ware muß deshalb weitgehend verringert werden. Kostensenkungen lassen sich nur durch Preissenkungen wirksam, d. h. über die Umsatzvermehrung für die Gewinnerhöhung ausnutzen. Das gilt für alle Güter, die Kostensenkungen unterliegen können, also vor allem für Industriewaren aller industriellen Erzeugungsgruppen[14].

Jede stärkere Umsatzvermehrung wirkt zudem progressiv gewinnerhöhend, weil sie zur degressiven Auswirkung der fixen Kosten, also zu einer weiteren relativen Kostensenkung führt.

4. Konsumorientierte und investitionsorientierte Preisgestaltung

Die Preisrechnung der Wirtschaftsbetriebe ist das Mittel der gesamten nominalen und realen volkswirtschaftlichen Einkommensverteilung. Einerseits sind die Löhne und Gehälter der Wirtschaftsbetriebe, die Renten, Pensionen, Arbeitslosenversicherungsbeiträge anteilig, sowie die sonstigen

[14] Der Grundstoff-, Investitionsgüter-, Konsumgüter-, Lebensmittelindustrien.

individual-personellen Einkommen[15] und die kollektiv-personellen Einkommensteile: Zinsen, Zölle und Steuern und dergleichen irgendwie in der Preisrechnung als Kostenbestandteile enthalten[16]. Die Gewinne gehören in ihrer Mehrzahl zu den individual-personellen, teilweise aber auch zu den kollektiv-personellen Einkommen[17]. Andererseits bestimmt die Preisrechnung durch die Relation von Kosten und Gewinnsatz auch die gesamte reale Einkommensverteilung, indem sie die Preise niedriger oder höher ansetzt. Hohe und besonders im Verhältnis zu den Kosten überhöhte kalkulatorische Gewinne und Preise erhöhen die Kapitalbildungs- und Investitions-Kaufkräfte. Niedrige und besonders im Verhältnis zu den Kosten maßvolle kalkulatorische Gewinne und Preise erhöhen die Konsumenten-Kaufkräfte. Die erhöhten Kaufkräfte erhöhen in dem einen Falle vorübergehend die Umsätze der Investitionsgüterindustrie, im anderen erhöhen sie die Umsätze der Konsumgüterindustrie.

Jede Preisrechnung stärkt oder schwächt also unmittelbar die Kaufkräfte der Volkswirtschaft in einer der beiden großen Verbrauchergruppen: der Investitoren und der Konsumenten. Sie verschiebt die Kaufkräfte untereinander. Die investitionsorientierte Preisrechnung senkt außerdem den möglichen, schon erreichbaren Kaufkraftstand der Volkswirtschaft im ganzen. Die konsumorientierte Preissenkung hebt außerdem den Kaufkraftstand der Volkswirtschaft im ganzen in der Richtung auf seine kapazitätsmäßig schon erreichbare Höhe. Mittelbar werden also alle Kaufkräfte nur durch die konsumorientierte Preisgestaltung gehoben.

Jede Preisrechnung wirkt durch die in ihr enthaltene Stufenleiter der Kaufkräfteverteilung auf die Möglichkeit aller künftigen Warenumsätze ein. Sie erweitert oder verengt diese. Indem die Preisrechnung zur Durchführung der jeweiligen, aktuellen Umsätze dient, legt sie gleichzeitig den Keim für den Umfang der künftigen. Darin liegt ihre verborgene, umsatzhemmende oder -fördernde Macht.

Niedrige Konsumgüterpreise erhöhen alle Kaufkräfte und bringen den gesamten Güterkreislauf der Volkswirtschaft auf einen großen Umfang. Hohe Konsumgüterpreise senken alle Kaufkräfte und drosseln den gesamten Güterkreislauf. Die Konsumenten sind die wichtigsten grundlegenden Kostenverursacher. Ihr Realeinkommen, das von den Preisen gestaltet wird, ist deshalb von ebenso großer Bedeuutng für das gesamte Wirtschaftsleben wie das Nominaleinkommen ihrer Hauptgruppe in jeder Industrievolkswirtschaft, der Arbeitnehmer.

---

15 z. B. die Unternehmerlöhne.

16 Auf dem Wege über die Kostenrechnung und die Aufwandszahlungen.

17 Sie gehen z. B. an andere A.G. und die öffentliche Hand, welche deren Mitgliedsrechte besitzt.

5. Konsumorientierte und investitionsorientierte Kapitalbildung und Kapitalinvestition

Eine normale Kapitalbildung und Kapitalinvestition ist eine Kapitalbildung und Kapitalinvestition im angemessenen Verhältnis zum Konsum, d. h. zur Beschäftigung der schon vorhandenen Produktionskapazitäten der Konsumgüterindustrie und der Landwirtschaft sowie der Leistungskapazitäten des Einfuhrhandels. Diese Beschäftigung wird durch eine angemessene Kaufkraft gesichert, also durch angemessene Nominal- und Real-Arbeitseinkommen der Arbeitnehmer sowie der kleinen Betriebsbesitzer, z. B. der Handwerker und der Kleinlandwirte[18]. Sie läßt sich also nur unter Mitwirkung des maßvollen Standes aller Warenpreise sichern.

Durch jeden gewaltsamen Antrieb der Kapitalbildung wird der Umsatzprozeß der Konsumgüterindustrie gestört. Die angetriebene Kapitalbildung mag zwar der Investitionsgüterindustrie vorübergehend die Vorteile der erzwungenen Umsatzerhöhung bringen. Für die Inbetriebnahme der neuen Produktionskapazitäten, also für eine Umsatzvermehrung ist die Kaufkraftgrundlage der Verbraucher aber zu gering, wenn es sich um Konsumgüter-Produktionskapazitäten handelt. Falls die neuen Produktionskapazitäten sich jedoch – wie gewöhnlich – auf die Industriezweige der Investitionsgütererzeugung oder der Urproduktion, besonders der montanen erstrecken, verschiebt sich der endgültige Erfolg des ausgeweiteten Beschäftigungsprozesses, seine Bewährung zeitlich. Diese wird aber nicht aufgehoben und läßt sich als Aufgabe nicht aufheben.

Auch Kapitalexporte oder gewöhnliche Investitionsgüter-Exporte führen zur Erhöhung der Produktionskapazitäten. Sie erhöhen den Wettbewerb in diesen und vermindern an sich die weiteren Exporte oder sogar den Inlandsumsatz der von ihnen hergestellten Waren in den Altvolkswirtschaften. Zum mindesten schränken sie den Warenumsatz der Altbetriebe zeitweilig ein. Dieser Prozeß wird unbedenklich, wenn die Kaufkräfte der Konsumenten durch eine maßvolle Ansetzung der Gewinnsätze der Preisrechnung sich ebenfalls in angemessener Weise vermehren. In diesem Falle entwickelt sich die Kapazitätsausdehnung mit der Umsatzvermehrung in der eigenen Volkswirtschaft und in der Weltwirtschaft durch die kontinuierlich wachsende Beschäftigung in den Zweigen aller Industriegruppen gleichmäßig[19]. Die Industrieausdehnung wirkt sich unter dieser Voraussetzung nur in größeren Umstellungen der Marktbeziehungen aus.

Alle neuen Investitionsgüter-Kapazitäten finden ihre Beschäftigung auf die Dauer nur durch gleichfalls in ausreichendem Maße gewachsene Kon-

[18] Durch Abspaltung der persönlichen Einkommen der Betriebsbesitzer vom Gewinn oder als Betriebsbesitzerlohn.

[19] Mit dieser Frage befassen sich die volkswirtschaftlichen Gleichgewichtstheorien.

sumgüter-Kapazitäten, einschließlich der agraren und der Konsumgüter-Urprodukte herstellenden. Sie müssen sich in deren Vollbeschäftigung bewähren. Das ist nur durch die vorangehende Stärkung der Konsum-Kaufkräfte und gegebenenfalls durch die ebenfalls vorangehende Ausweitung der Konsumgüter-Kapazitäten ohne Depressions-Intervalle möglich.

Zur Bewährung der ausgeweiteten Investitionsgüter-Kapazitäten gehört vor allem die zunehmende Beschäftigung der Konsumgüterindustrie der Altindustrieländer. Diese bedarf also einer ausreichenden, langfristig vorbereiteten und laufend erhaltenen Konsumkaufkraft als Grundlage. Auch die Kapazitätserweiterungen durch Waren- oder Kapitalexporte von Investitionsgütern nach den unterentwickelten Ländern dürfen nicht zu einer Beschränkung in der Beschäftigung der inländischen Konsumgüter-Kapazitäten führen. Sie dürfen nicht auf „Kosten" der inländischen Konsumenten-Kaufkräfte organisiert werden. Hierfür liegt die entscheidende Verantwortung in der Preisrechnung[20].

6. Statische oder investitionsorientierte Preisrechnung als Quelle erzwungener und investitionsorientierter Kapitalbildung

Die erzwungene, überholte Art der Kapitalbildung erfolgt in der Marktwirtschaft durch eine irrationale Preisrechnung, welche die Gewinnnsätze, vor allem bei der entscheidenden Gelegenheit ihrer Richtigstellung: nach Kostensenkungen, zu hoch veranschlagt[21]. Diese irrationale Preisrechnung ist eine statische, weil sie die Auswirkung der Verteilung der Kaufkräfte auf den Investitionsgütersektor und den Konsumgütersektor der Produktion im volkswirtschaftlichen Güterkreislauf, also die dynamische Wirkung der Kaufkräfteverteilung mißachtet. Sie besteht in der statischen, starren, geschätzten Ansetzung überhöhter preisrechnerischer Gewinnsätze. Gewinnerzielung und Kapitalbildung durch die *Statische Preisrechnung* sind degressiv.

Obgleich die Statische Preisrechnung als Mittel der angetriebenen, zeitlich gerafften, investitionsorientierten Kapitalbildung das übliche, am meisten verbreitete Verfahren der Preisbildung durch die Preisrechnung ist, stellt sie keineswegs das der Industriewirtschaft gemäße Preisrechnungsverfahren dar. Die in ihr angewandten überhöhten Gewinnsätze sind willkürlich. Sie wirken bremsend auf den gesamten Umsatzprozeß jedes Wirtschaftsbetriebes und damit der Volkswirtschaft, den Umsatzprozeß, dessen Ausdehnung die Grundlage für gleichmäßig, aber weit stärker zunehmende Investitionskräfte ist. Nicht nur als breitere Grundlage für zunehmende Kapitalexporte ist die Statische Preisrechnung weniger geeignet.

---

[20] Entsprechendes gilt für die Kapitalimporte.

[21] In der Staatlichen Planwirtschaft der Ostblockländer kommt die staatliche Kapitalbildung durch die staatliche Finanz- und Preisplanung zustande.

Auch als Mittel zur schnelleren Abtragung von Sonderlasten[22] ist die künstlich durch sie angetriebene Kapitalbildung zu schwach.

7. Dynamische oder konsumorientierte Preisrechnung als Quelle zwangloser, kontinuierlich erhöhter und konsumorientierter Kapitalbildung

Eine optimale Kapitalbildung kann, weil sie von der produzierenden Gesamtwirtschaft getragen wird, wo diese schon einen größeren Konsumgütersektor besitzt, nur auf eine objektive Weise, d. h. gestützt auf die Vollbeschäftigung der Gesamtwirtschaft zustandekommen. Dazu ist – vor allem auf die Dauer – eine rationelle Preisrechnung, die *Dynamische Preisrechnung* erforderlich. Diese besteht in der dynamischen, beweglichen, berechneten Ansetzung maßvoller preisrechnerischer Gewinnsätze. Gewinnerzielung und Kapitalbildung durch die Dynamische Preisrechnung sind progressiv.

Die preissenkende Preisrechnung ist nicht dynamisch, weil sie die Preise selbst in Bewegung bringt. Diese Folge hat die preiserhöhende oder Statische Preisrechnung ebenfalls. Außerdem vollziehen sich die Preisbewegungen in jedem Betriebe nur vorübergehend, periodisch. Die preissenkende Preisrechnung ist dynamisch, weil sie zu kontinuierlichen Umsatzvermehrungen und Gewinnerhöhungen führt. In diesem Vorgang liegt die Dynamik, auf die es ankommt. Preissteigerungen wirken nicht dynamisch, sondern statisch, umsatzbeschränkend, gewinnbeschränkend. Ihre umsatzsenkende, negativ-dynamische Wirkung gleicht sich – langfristig gesehen – durch die zwangsläufigen Marktpreissenkungen der Depressionsperioden in den Aufschwungsperioden etwas aus. Im ganzen liegt bei der preiserhöhenden Preisrechnung eine statische, die Umsatzerhöhung bremsende Wirkung vor.

Die Dynamische Preisrechnung empfiehlt sich als wirtschaftsgemäßes Preisrechnungsverfahren. Sie ist besonders für alle industrialisierten Betriebe geeignet, die eine Massenproduktion betreiben. Die in ihr angewandten maßvollen Gewinnsätze wirken natürlich-antreibend auf den gesamten Umsatzprozeß. Die nicht erzwungene konsumorientierte Kapitalbildung durch die Dynamische Preisrechnung führt allmählich zu weit höheren Investitionen als die gewaltsame durch die Statische Preisrechnung. Sie führt vor allem zu umsatzgesicherten, dauernd zunehmenden neuen Produktionskapazitäten, die als vollbeschäftigte auch politisch-sozial befriedend wirken.

---

[22] z. B. der Lastenausgleichskosten in Deutschland

III. Das Verfahren der Statischen Preisrechnung und das Verfahren der Dynamischen Preisrechnung

1. Verfahrensprinzip der Statischen Preisrechnung

In der statischen, gewöhnlich in den Wirtschaftsbetrieben angewandten Preisrechnung wird zu der Summe aller Kosten, auch Selbstkosten genannt, ein möglichst hoher Gewinn geschlagen. Dessen Höhe, am prozentualen Gewinnsatz gemessen, richtet sich nach dem überlieferten Preis, dem bestehenden Marktpreis und der Umsatzfähigkeit, welche die Ware unter ihm als Angebotspreis – entsprechend der jeweiligen Marktlage besitzt. Je nach der Lebenswichtigkeit der Ware, der Größe des Bedürfnisses an ihr, der Kaufkraft und Nachfrage auf dem Markte verleiht der Preis[1] dieser eine mehr oder minder große Umsatzfähigkeit. Keine Ware ist von diesem Einfluß ganz ausgenommen. Dem Preis kommt deshalb im eigentlichen Sinne die Umsatzfähigkeit der Ware zu[2].

Die Umsatzfähigkeit, die der Preis einer Ware verleiht, wird bei seiner Ansetzung in der Statischen Preisrechnung roh geschätzt. Erhöhungen und Senkungen des Preises werden der Schätzung nach der laufenden Umsatzerfahrung unterworfen. Sie werden schließlich sogar ohne eine unmittelbare Berücksichtigung der Selbstkosten vorgenommen. Preissenkungen erfolgen also nur unter dem Zwange des Marktes, unter dem Einfluß eindringlicher niedriger Preisforderungen der Nachfrager sowie niedriger Preisangebote der Wettbewerber[3]. Die Mengenauflage richtet sich nach den Umsatzaussichten der Ware bei einem noch tragbaren Preise auf dem Markte, dem im Marktverkehr gebildeten Marktpreise. Auch die Menge, die ein Wirtschaftsbetrieb selbst von einer Ware auflegt, beeinflußt den Marktpreis, falls sie nicht selbst von diesem bestimmt wird, was gewöhnlich zutrifft.

Kostensenkungen werden unter der Herrschaft der Statischen Preisrechnung meist nur nachträglich erstrebt und durchgeführt, sobald sich

---

[1] Der etwas herabgesetzte oder erhöhte Angebotspreis als Marktpreis.

[2] Siehe dazu *Mellerowicz*, Konrad: Kosten und Kostenrechnung, Bd. I Theorie der Kosten (3. unveränderte Aufl., Berlin, 1957), S. 479. „Gerade in der Wirtschaft mit gelenkter Preisbildung zeigt sich am deutlichsten, daß nicht nur Angebot und Nachfrage den Preis bestimmen, sondern daß der Preis seinerseits auf die Menge von Angebot und Nachfrage einwirkt. Es besteht somit eine allseitige Interdependenz von Angebot und Nachfrage und Preis, von Kosten, Bedarf und Preis."

[3] Unter Vergleich der Warenqualitäten und soweit ein freier Wettbewerb besteht.

herausstellt, daß die Umsatzfähigkeit einer Ware bei einem schließlich übernommenen niedrigeren Marktpreis weiter sinkt. Wenn die erreichte Kostensenkung beträchtlich ist, wird sie aber gewöhnlich nicht durch eine größere Preissenkung zur Eroberung des Marktes ausgenutzt, sondern zur Eroberung des höheren Gewinns, bei einem zwar nicht sinkenden, aber annähernd beständigen, statischen Umsatz.

Der statisch eroberte höhere Gewinn ist nicht von Dauer. Er kann sich nicht längere Zeit halten, weil die durch überspannte Gewinne in der Breite der Volkswirtschaft eintretenden Ausdehnungen der Produktionskapazitäten allmählich dennoch – aber über sinkende *Marktpreise* – zu Umsatzerhöhungen führen. Die erzwungenermaßen gesenkten Preise wirken nicht mehr als eine aktive Stärkung der Kaufkräfte der Verbraucher. Die Kostensenkungen wurden eben dauernd in vollem Umfang für die vergänglichen stoßweisen Gewinnerhöhungen verbraucht. Die Preissenkungen stellen dann nur noch Anpassungen an die immer zu schwachen und durch gelegentliche Marktpreiserhöhungen weiter geschwächten Verbraucher-Kaufkräfte, besonders der Konsumenten dar.

Im eigentlichen Sinne ist die Statische Preisrechnung keine Preisrechnung, wenigstens keine strenge, umfassende. Sie stellt den abschätzenden, anordnenden rechnerischen Ausdruck einer Preispolitik des fluktuierenden Mitgehens mit der Marktpreisbildung her. Die Gewinnrechnung unter dem Gesichtspunkt der Umsatzausdehnung fehlt ihr. In der Statischen Preisrechnung rundet die als maximal erstrebte, stets geschätzte Gewinnquote[4] die preisrechnerische Kostenrechnung ab. *Schmalenbach* behandelte die Preisfestlegung des Betriebes demgemäß ausdrücklich unter dem Verfahrensbegriff der Preispolitik[5].

Das nachfolgende Beispiel gibt die preisrechnerische Verwendung von Kostenersparnissen durch Rationalisierungs-Maßnahmen nach dem statischen Verfahren wieder:

I. Volle Verwendung der Kostenersparnis für die Gewinnerhöhung

E = Ersparte Kosten,
K = Alte preisrechnerische Kostensumme,
G = Alter preisrechnerischer Gewinn,
P = Alter Preis,
x = Kostensenkungsanteil am Preis,
y = Kostensenkungsanteil am Gewinn,
K' = Neue preisrechnerische Kostensumme,
G' = Neuer preisrechnerischer Gewinn,
P' = Neuer Preis.

---

[4] Entsprechend einem prozentualen Gewinnsatz.
[5] Siehe *Schmalenbach,* Eugen: Kostenrechnung und Preispolitik, Abschnitt J I und II, S. 458–496.

$K' = K - E \quad , \quad G' = G + E \quad , \quad P' = P \quad , \quad x = E \quad , \quad y = 0$

$K = 90.- \quad , \quad G = 10.- \quad , \quad P = 100.- \quad , \quad E = 20.- \text{ (DM)} \quad ,$

$K' = 90 - 20 = 70 \quad , \quad G' = 10 + 20 = 30 \quad , \quad P' = 100$

K' = DM 70,- oder 70% des neuen Preises,
G' = DM 30,- oder 30% des neuen Preises,
P' = DM 100,-

Der Preis ist also nach diesem Beispiel der Statischen Preisrechnung unverändert geblieben. Dagegen hat sich der preisrechnerische Gewinn auf das Dreifache, also um 200% erhöht. Der Gewinnsatz ist im gleichen Maß, von 10% auf 30% gestiegen. Die Kaufkraft der Verbraucher wurde nicht gestärkt.

Diese übliche Art der Anwendung der Statischen Preisrechnung auf die Verwendung von Kostensenkungen unterliegt jenem Bedenken, das im einzelnen Betrieb häufig, aber meist wirkungslos geäußert wird: Auch die Wettbewerber gehen, oft zur gleichen Zeit, zu Kostensenkungen über. Der Wettbewerb senkt den Marktpreis der mit verminderten Kosten hergestellten Waren nach und nach, bis ein normaler Gewinnsatz in den Herstellerbetrieben erreicht ist. Noch mehr tragen kostenerhöhende Umsatzverminderungen durch Entlassungen von Arbeitskräften infolge der Rationalisierungs-Maßnahmen dazu bei. Die gemeinsame Eroberung des Marktes durch die Wettbewerber, die Umsatzausdehnung durch die Stärkung der Verbraucher-Kaufkräfte ist verpaßt.

Allmählich kommt, spätestens in einer gesamtwirtschaftlichen Depressionsperiode eine volle Preissenkung, entsprechend dem Durchschnittsstand der Kostensenkungen, zustande. Sie wirkt sich in kartellfreien Betrieben wie – mit besonders großen Verzögerungen – in Betrieben, die an Kartellpreise gebunden sind, aus. Vorübergehend, durch ungenügende Kapazitätsnutzungen gestiegene Kosten sinken wieder. Infolge unzähliger sekundärer Kostenerhöhungen durch Preiserhöhungen in der Industrieversorgung tritt aber keine Kostensenkung auf den alten Kostenstand mehr ein. Besonders von den Kartellpreisen der Urproduktion her wirkt die allgemeine Kostenerhöhung der betrieblichen Kostensenkung entgegen. Kartellgebundene Rohstoff- und Halbstoffpreise hindern den natürlichen wettbewerblichen Preissenkungsprozeß in den weiterverarbeitenden Betrieben besonders stark[6]. Auch die Preissenkung wirkt aus den angeführten Gründen in jedem kostensenkenden Betriebe nur wenig umsatzför-

[6] Vereinzelt kann auch ein patentgeschütztes, kostensenkendes Herstellungsverfahren die volle Preissenkung verhindern. Eine teilweise Preissenkung reicht in einem solchen Falle zur Erringung einer Überlegenheit über die Wettbewerber vielleicht aus. Der Betrieb will aber zugleich den Vorteil einer Gewinnüberhöhung mitnehmen. Hier liegt also eine berechtigte, durch eine fortschrittliche Leistung begründete Anwendung des statischen Preisrechnungsprinzips vor.

dernd, wenn er sie im Rahmen seiner aktuellen Möglichkeiten nicht unverzüglich durchführt.

Die Statische Preisrechnung führt die Kartellierung durch die mehr oder minder starken Konjunkturzyklen, die sie auslöst, erst herbei. Die Statische Preisrechnung veranlaßt vor allem die Preisabreden der Urproduktionskartelle. Ohne sie gäbe es wohl Kartelle. Diese würden sich aber mit den positiven Aufgaben der volkswirtschaftlichen Koordinierung und ihren Mitteln, besonders mit der Dynamischen Preisrechnung befassen. Preisabreden zu organisieren, würde sich bei der Vorherrschaft der Dynamischen Preisrechnung für sie erübrigen.

2. Verfahrensprinzip der Dynamischen Preisrechnung

Die Dynamische Preisrechnung ist nicht – wie die Statische Preisrechnung – auf rohe Schätzungen der Absatzfähigkeit verleihenden Höhe eines Preises unter der jeweils bestehenden Marktlage aufgebaut. Sie beruht vielmehr auf der Erkenntnis, daß grundsätzlich, und immer bei industriellen Massenerzeugnissen niedrige Preise zu hohen Umsätzen, sinkende Preise zu steigenden Umsätzen führen. Die Dynamische Preisrechnung schafft sich die günstige Marktlage auf der Nachfrageseite des Marktes und paßt das Angebot an diese an. Sie legt dazu einen niedrigen Gewinnsatz und einen Kostenträger-Anfangsgewinn fest, der kontinuierlich mit der Umsatzerhöhung – absolut und meist auch relativ – steigt. Die *Dynamische Preisrechnung* besitzt eine *dynamische Gewinnorientierung*. Zur ständigen Erhaltung und Stärkung der allein umsatzbegründenden, umsatzerhaltenden und umsatzhebenden Kaufkräfte der Verbraucher ist die preisrechnerische Spanne zwischen den Selbstkosten und dem Angebotspreis, die Gewinnspanne[7] bei der Dynamischen Preisrechnung maßvoll. Im Zweifelfalle wird sie eher zu klein als zu groß angesetzt.

Sinkende Kosten werden in der Dynamischen Preisrechnung also unverzüglich zur Preissenkung ausgenutzt. Das nachfolgende Beispiel veranschaulicht die preisrechnerische Verwendung von Kostenersparnissen durch Rationalisierungs-Maßnahmen nach dem dynamischen Verfahren:

II. Proportionale Verwendung der Kostenersparnis für die preisrechnerische Gewinnerhöhung und die Preissenkung

E = Ersparte Kosten,
K = Alte preisrechnerische Kostensumme,
G = Alter preisrechnerischer Gewinn,
P = Alter Preis,
x = Kostensenkungsanteil am Preis,
y = Kostensenkungsanteil am Gewinn,
K' = Neue preisrechnerische Kostensumme,
G' = Neuer preisrechnerischer Gewinn,
P' = Neuer Preis.

[7] Der Gewinnzuschlag oder der preisrechnische Gewinnsatz.

$$E = x + y \quad , \quad x : y = K : G \quad , \quad x = \frac{K}{G} \cdot y \quad ,$$

$$y = E - x \quad , \qquad x = \frac{K}{G} \, (E - x) \quad ,$$

$$x = \frac{K}{G} \cdot E - \frac{K}{G} \cdot x \quad , \quad x + \frac{K}{G} \cdot x = \frac{K}{G} \cdot E \quad ,$$

$$x \, (1 + \frac{K}{G}) = \frac{K}{G} \cdot E \quad , \quad x = \frac{(K:G) \cdot E}{1 + (K:G)}$$

K = 90.— , G = 10.— , P = 100.— , E = 20.— (sämtlich in DM)

$$x = \frac{(90:10) \cdot 20}{1 + (90:10)} = \frac{9 \cdot 20}{1 + 9} = \frac{180}{10} = 18 \text{ oder DM } 18.—$$

y = E − x = 20 — 18 = 2 oder DM 2.—

K' = K — x = 90 — 18 = 72 oder DM 72.— oder 85,7 % } des neuen Preises

G' = G + y = 10 + 2 = 12 oder DM 12.— oder 14,3 % } des neuen Preises

P' = K' + G' = 72 + 12 = 84 oder DM 84.—

Der Preis ist also von DM 100,– auf DM 84,– oder um 16% gesunken. Zugleich ist der Gewinn aber von DM 10,– auf DM 12,–, also um 20% gestiegen. Der Gewinnsatz vom Preis hat sich ebenfalls: von 10% auf 14,3% erhöht. Ob nun die Preissenkung von 16% ausreicht, um bei einer sofortigen Erhöhung des Gewinnsatzes um 4,3% als Kaufkraftstärkung der Verbraucher den Gewinnsatz langfristig, wenigstens in der alten Höhe von 10% zu halten, muß ausprobiert werden. Die zunehmende absolute Gewinnhöhe am steigenden Umsatz, an der vollen Betriebsauslastung oder sogar an einer Kapazitätsausweitung ist das vorrangige, führende Ziel. Um eine größere Ausdehnung des Umsatzes und mindestens die Festigung des erreichten Umsatzvolumens herbeizuführen, ist gegebenenfalls eine größere Verwendung[8] der Kostenersparnis E zugunsten der Preissenkung erforderlich.

Betrachten wir deshalb nunmehr den zweiten Grenzfall der möglichen Verwendung der Kostenersparnis für den Angebotspreis auf dem Markte:[9]

III. Volle Verwendung der Kostenersparnis für die preisrechnerische Preissenkung

K = 90.— , G = 10.— , P = 100.— , E = 20.— (sämtlich in DM)

K' = K − E , G' = G + 0 = G , P' = P — E = K' + G' ,

K' = 90 − 20 = 70 , G' = 10 , P' = 100 − 20 = 80

P' = K' + G' = 70 + 10 = 80 der DM 80.— als neuer Preis,

K' = DM 70.— oder 87,5 % des neuen Preises,

G' = DM 10.— oder 12,5 % des neuen Preises.

[8] Progressive.

[9] Unabhängig von etwaigen sonstigen Einflüssen auf dem Markte, die nicht mehr belangvoll sind: z. B. Angebotsveränderungen der Wettbewerber.

Der Gewinnsatz ist mithin sogar in diesem Grenzfalle noch gestiegen, d. h. von 10% auf 12,5%. Allerdings ist der absolute Gewinn an der Wareneinheit mit DM 10,– unverändert geblieben. Die absolute Gewinnerhöhung hängt also in diesem Preisrechnungsfalle ganz vom Grade der Umsatzvermehrung ab. Steigt der Umsatz um 20%, entsprechend der Kaufkraftstärkung der Nachfrage, so erhöht sich der absolute Gewinnanteil an dem betreffenden Warenumsatz ebenfalls um 20%[10]. Die Kaufkraftstärkung der Nachfrage um die Preissenkungs-Spanne zwischen dem alten Preis von DM 100,– und dem neuen Preis von DM 80,–, also um DM 20,– dürfte in vielen Fällen ausreichen, um den Gewinnsatz langfristig auf derselben Höhe zu halten und den absoluten Kostenträger-Gewinnanteil zu erhöhen.

Der zweite Grenzfall, der Preisrechnungsfall III ist also nur im formalen Sinne ein Grenzfall. Betrachtet man ihn dagegen grundsätzlich als einen unübersteigbaren Grenzfall, so wäre auch diese Ansicht ein Rückfall in die der Statischen Preisrechnung zugrundeliegende Haltung. Sobald sich bei der Anwendung dieses Grenzfalles eine stärkere Umsatzvermehrung herausstellt, läßt sich auf der Grundlage einer kurzfristigen Kostenträger-Erfolgsrechnung[11] die Preissenkung noch weiter vorwärts treiben. Sie läßt sich über die ursprüngliche Kostensenkung hinaus durchführen[12]. Es kann dabei also gegebenenfalls unter den alten Gewinn-Zuschlagsatz von 10% heruntergegangen werden: etwa auf 8% oder 5%, falls die Umsatzvermehrung im vollen Zuge ist.

Allerdings muß man beachten, daß alle diese Grade der Ansetzung der Preise und Gewinnsätze noch von zwei weiteren Bedingungen abhängen! Sie sind

1. brancheabhängig und vor allem artikelabhängig, und
2. vom Grade der auch bei einer gemischten Warenfertigung immer bestehenden Möglichkeit und Notwendigkeit der optimalen Betriebsauslastung abhängig. Das gilt wenigstens solange eine Kapazitätsausweitung noch nicht aktuell wird.

Wir werden etwas weiter hinten[13] die erste dieser beiden Bedingungen in groben Umrissen erörtern. Die zweite dieser beiden Bedingungen wurde in der betriebswirtschaftlichen Theorie und Praxis bereits sehr eingehend behandelt. Wir wollen sie aber hier in Verbindung mit der Dynamischen Preisrechnung untersuchen[14]. Soviel sei jedoch schon vorweggenommen:

---

[10] Soweit die Betriebsauslastung ihrem Optimum näherrückt, und dieses noch nicht überschreitet.

[11] Kosten-Erlösrechnung unter Berücksichtigung möglicher Zahlungsausfälle. Nicht Kosten-Ausbringungsrechnung!

[12] Die letzte Kostensenkung, die den Prozeß der Preissenkung einleitete.

[13] Im Abschnitt VII.

[14] Ohne sie positiv und kritisch in aller Breite zu prüfen und zu wiederholen.

jede verallgemeinernde, schematisierende, stereotype Anwendung des Prinzips der Dynamischen Preisrechnung ist abwegig. Eine solche verträgt sich nicht mit ihren Zwecken: Gewinnerhöhung durch Preissenkung und Umsatzerhöhung.

Vielmehr sind die gesamten überlieferten Erkenntnisse und Erfahrungen der neuzeitlichen Kostenrechnung in allen ihren Sparten auch in Verbindung mit der Dynamischen Preisrechnung heranzuziehen und aufs sorgfältigste anzuwenden. Die stärkere Anspannung der Preisrechnung zur Preissenkung erfordert sogar eine besonders genaue Kostenrechnung, welche den Kostenstand und jede Kostensenkung zuverlässig ermittelt. Jedes andere Vorgehen beschwört die Gefahren von Fehlrechnungen herauf. Nur wo Gefahren vorliegen, besteht aber auch die Aussicht, Sicherheiten zu erringen. Nur soweit der Unternehmer Wagnisse eingeht – und seien es die entscheidenden kostenrechnerischen, die alle anderen Wagnisse einbegreifen, – öffnen sich auch die größeren nutzbaren Aussichten. Den Wagnissen und Aussichten den Weg zu bereiten und gegen die Gefahren rechnerische Sicherheiten zu schaffen, ist die Aufgabe jeder Wissenschaft, auch der betriebswirtschaftlichen.

3. Anwendung der Dynamischen Preisrechnung anstelle der betrieblichen Preispolitik

Die Politik ist bekanntlich – auch nach einem Ausspruch Bismarcks – die Kunst des Möglichen, die Kunst der Ausnutzung der Möglichkeiten. Als Kunst unterliegt sie intuitiven Erwägungen, also Schätzungen, subjektiven Wertungen, die mehr oder minder mit den tatsächlichen objektiven Gegebenheiten übereinstimmen können. Auch die innerbetriebliche und verbandliche Preispolitik ist die Kunst der möglichen erfolgreichsten, den Bilanzgewinn optimal erhöhenden Preisgestaltung.

Betrachten wir unter diesem Gesichtspunkte der Kunst des Möglichen die autonome[15] betriebswirtschaftliche Preispolitik und die Prinzipien der Preisrechnung, so liegen folgende Erwägungen nahe: Statisch ist in der Preisrechnung nur die unbewegliche Grundhaltung einer falschen Einschätzung der Umsatzdynamik, der Außerachtlassung oder ungenügenden Berücksichtigung schon erfolgter oder möglicher Kostensenkungen in der Preisrechnung. Statisch ist ferner die ungenügende Nutzung der beträchtlichen Möglichkeiten, welche die großartig verfeinerte, ausgebaute neuzeitliche industrielle Kostenrechnung der Preisrechnung auch in der Kostenüberwachung und Kostengestaltung gewährt.

So wenig sinnvoll und zeitgemäß eine „Preispolitik" im Sinne der passiven Preisgestaltung und der bloßen Einschätzung der Marktlage ist, so wertvoll kann dagegen eine betriebliche „Politik" der Preissenkung wer-

[15] Im Gegensatz zu den staatlichen Preiseingriffen, zur staatlichen Preispolitik.

den. Hier hat die Kunst der Möglichen noch einen weiten Spielraum auf dem Gebiet der Kostengestaltung zum Zwecke der Kostensenkung. Die Preisgestaltung selbst ist dagegen nur ein Aufgabengebiet der Berechnung: der Kostenrechnung und Dynamischen Preisrechnung.

Eine betriebliche Preispolitik in diesem fruchtbaren Sinne hängt in der neuzeitlichen Industriewirtschaft für alle Industrieerzeugnisse sowie für alle sonstigen Waren, die mit industriellen Produktionsverfahren als Massenartikel hergestellt werden oder sich herstellen lassen, von der Politik der Kostengestaltung einerseits und von der sehr „unpolitischen" Kostenverrechnung andererseits ab. Da der Inhalt der betrieblichen Preispolitik aber größtenteils auf Kostenberechnungen beruht, verliert die betriebliche Preisgestaltung mehr und mehr ihre Eigenschaft als „Preispolitik". Sie wird zur betrieblichen Preisrechnung und muß zu ihr werden. Zur vollständigen, umfassenden Preisrechnung kann die betriebliche Preisgestaltung aber nur in der Form der Dynamischen Preisrechnung werden.

Die Statische Preisrechnung stützt sich – auch bei Anwendung einer genauen Kostenrechnung – auf gesamtwirtschaftlich labile, meist steigende Kosten und eine labile Kostengestaltung. Sie macht dadurch auch die Gewinne langfristig, in der nicht eben erstrebenswerten Richtung der Gewinnsenkung[16] labil. Diese Behauptung kann zunächst einen Widerspruch erwecken. Man kann ihr die grundlegenden Untersuchungen des Altmeisters Schmalenbach über die optimalen Bedingungen der betrieblichen „Preispolitik" entgegenhalten[17].

Auf einschlägige Einwände dieser Art ist folgendes zu erwidern: *Schmalenbach* geht, a.a.O., auf die umsatzorganisatorischen Bedingungen der sinkenden Kostengestaltung in der Form der Einflüsse der eigenen Warenpreise auf die optimale Auslastung der Betriebskapazitäten ein. Dagegen stellt er die große, entscheidende Bedeutung, welche die grundsätzliche rechnerische Preissenkung für die planmäßige Kostensenkung besitzt, nicht heraus. Er behandelt nur die Kostensenkung durch die unmittelbare Beeinflussung des innerbetrieblichen Kostenanfalls mittels der „Auftragswahl" und Umsatzgestaltung. Dazu geht er besonders auf die Analyse der Wirkung ein, die degressive und progressive Kostenelemente unter den Einzelkosten und Gemeinkosten auf den gesamten Kostenstand haben, um die Grundsätze der optimalen Kostengestaltung[18] aufzudecken.

So geht Schmalenbach auch nicht auf den größeren, primären, aktiven Einfluß ein, den der volkswirtschaftliche Güterkreislauf auf den Kostenstand des Betriebes hat. Die optimale Kostengestaltung wird – vor allem

---

[16] Zum mindesten in der Richtung einer Hemmung der Gewinnfestigung und Gewinnerhöhung.

[17] Siehe *Schmalenbach*, Eugen: a.a.O., S. 458–496.

[18] Ob Schmalenbach diesen Begriff sinngemäß neben dem der „optimalen Beschäftigung" selbst gebraucht, ist dabei unerheblich.

bei einer gemischten Fertigung, aber auch bei einem einseitigen Artikelprogramm[19] – zugleich von der Art der Verwendung aller Kostenersparnisse für die Preisgestaltung beeinflußt. Nach den vorangegangenen Ausführungen über das Prinzip der Dynamischen Preisrechnung läßt sich dieser Einfluß leicht erkennen. Wir können diese Erkenntnis eindeutig formulieren: Auch die Preisgestaltung durch die vollständige Preisrechnung, einschließlich der Ansetzung der Gewinnzuschläge, hat einen großen Einfluß auf die langfristige Kostengestaltung. Sie kann durch Umsatzvermehrungen zusätzlich weiter kostensenkend und durch weitere sekundäre Preissenkungen verstärkt umsatzvermehrend wirken[20].

Der sekundäre kostensenkende Einfluß der Preissenkungen kann so stark werden, daß er sogar die Kostenprogressionen, die durch die Überschreitung einer optimalen Auslastung der gerade vorhandenen Betriebskapazitäten entstehen, neutralisiert und überflügelt. Wie weit dieser Vorgang eintritt, bedarf im Einzelfalle genauer Untersuchungen. Die von Schmalenbach behandelten Fälle der Kostensenkung sind also sekundärer Art. Von dieser können wir die der Dynamischen Preisrechnung zugrundeliegende Art der Kostensenkung als primäre unterscheiden. Eine Kostenrechnung mit der sekundären Kostensenkung genügt nicht. Erforderlich ist eine Kostenpolitik mit der primären Kostensenkung. Diese geht über das Prinzip der optimalen Kostengestaltung weit hinaus. Deshalb wollen wir die einschlägigen Zusammenhänge der primären Kostensenkung zunächst grundsätzlich für ihre wichtigste Quelle, die Rationalisierung klären.

Beispielsweise sollen durch Rationalisierungs-Maßnahmen, also durch die Aufwendung von Rationalisierungskosten – z. B. infolge der Beschaffung neuer Produktionseinrichtungen, die kostenmäßig in der Form zusätzlicher Abschreibungen auftritt – die Einzelkosten[21] gesenkt werden. Oder eine Umstellung des betrieblichen Warenflusses – die ebenfalls einen größeren zusätzlichen Kostenanfall verursacht – soll dazu dienen. Nun dürfen die Rationalisierungskosten die durch ihren Aufwand erreichte Senkung der Einzelkosten und Fertigungs-Gemeinkosten[22] unter keinen Umständen überschreiten. Sie müssen mindestens in ihren dauernd, nachwirkend auftretenden Teilen niedriger sein als diese, weil die erstrebte Kostensenkung anderenfalls nicht eintritt.

Abgesehen von dieser Notwendigkeit heben viele Rationalisierungs-Maßnahmen, wenn sie Erfolg haben, den vor ihnen bestehenden Zustand der optimalen Betriebsauslastung in seiner Kapazitätsgrundlage aus den Angeln. Sie können nicht nur zu einer Verminderung der Anzahl der ange-

---

[19] Monofertigung mit Divisionskalkulation.
[20] Siehe dazu Kapitel V.
[21] d. h. die Fertigungslohnkosten.
[22] Fertigungskosten insgesamt.

setzten Fertigungsarbeiter führen[23], sondern auch – oder nur – zu einer Erhöhung der Produktionskapazitäten. Das geschieht z. B. wenn die Rationalisierung den Produktionsprozeß beschleunigt und dadurch die Menge der je Zeiteinheit ausgebrachten Ware vermehrt. Auf diese Weise wird aber die Ausgangsgrundlage der Kostendegression und Kostenprogression – unter Umständen sogar bedeutend – verändert.

Betriebsorganisatorische und kostenrechnerische Erwägungen über derartige Vorgänge genügen nicht, wenn sie nicht in einer Preissenkung zur Auswirkung gelangen, die durch jede Art der Kostensenkung vorgezeichnet ist. Wenn nicht schon vor der Rationalisierung durch progressive Kosten oder infolge der progressiven Wirkung fixer Kosten oder gar wegen zu hoher Einzelkosten[24] mit Verlusten oder offenkundigen Mindergewinnen produziert wurde, muß die Preissenkung die notwendige Schlußfolgerung jeder Rationalisierung sein.

Unter den Fertigungs-Gemeinkosten können durch Rationalisierungs-Maßnahmen z. B. die innerbetrieblichen Transportkosten sinken. Andere Gemeinkosten wie etwa die Maschinen-Instandsetzungskosten können dagegen durch die erhöhte Beanspruchung der Maschinen steigen. Diese Tatsachen sind jedem betrieblichen Praktiker bekannt. Sie haben durch ihre Mannigfaltigkeit, ihre Häufung und ihre verschiedenartige Verbindung eine vorrangige Bedeutung!

Der von *Schmalenbach*[25] eingehend dargestellte Entwicklungszusammenhang zwischen degressiven, progressiven und regressiven Kostenwirkungen muß jedoch in der Kostenrechnung und Kostengestaltung ebenfalls berücksichtigt werden. Eine Vermehrung der Produktionsausbringung über das Optimum des Beschäftigungsgrades[26], also über die normale Nutzung der Produktionskapazität in einer Einschichtarbeit hinaus, erhöht die Einzelkosten – z. B. durch die Schichtlohnzuschläge – progressiv[27]. Extensive, additive Vermehrungen der Produktionskapazitäten können bei gemischter Fertigung, je nach den technischen Bedingungen, die gesamten Fertigungsstückkosten[28] unverändert lassen. Sie können durch progressive Kostenwirkungen, z. B. infolge höherer Abschreibungen auf neu beschaffte Maschinen, die Fertigungsgemeinkosten auch erhöhen. Unter Umständen führen Kapazitätserhöhungen aber durch degressive Kostenwirkungen – u. a. bei einer breiteren Verteilung der fixen Kosten – zu Kostensenkungen.

---

[23] Und zur Senkung der aufgewendeten Anteile an Fertigungslöhnen.
[24] Infolge technischer und produktionstechnischer Rückständigkeit gegenüber den Wettbewerbern.
[25] a.a.O., Kostenrechnung und Preispolitik, Abschnitt C über Kostenabhängigkeiten, S. 45 – 114.
[26] Das im Umsatz realisierbare Ausbringungsoptimum.
[27] z. B. sprungweise.
[28] Einzelkosten- und Fertigungsgemeinkosten.

Zweifellos wirken extensive Kapazitätsveränderungen außerordentlich verschieden. Meist wird es sich bei ihnen um Kapazitätsvermehrungen, seltener um Kapazitätsverminderungen handeln. Extensive Kapazitätsvermehrungen sind bei einer gemischten Fertigung – im Gegensatz zur Einartikelfertigung, z. B. des durchlaufenden Fließbandverfahrens[29] möglich. Während die intensiven Kapazitätserhöhungen durch Rationalisierungs-Maßnahmen normalerweise kostensenkend wirken, können die extensiven, additiven Kapazitätserhöhungen zu Kostensenkungen oder unter Umständen zu Kostenerhöhungen führen. Selten werden diese den Kostenstand unverändert lassen.

Auch die extensiven Kapazitätsveränderungen unterliegen den angeführten Feststellungen Schmalenbachs über die optimale Ausbringungsgröße der Produktion[30]. Die optimale Ausbringungsgröße ist diejenige, von der ab der absolute Gewinnanteil an den betreffenden Kostenträgern nicht mehr steigt, sondern fällt. Sie ist allerdings eine theoretische Feststellung der isolierenden Abstraktion. Praktisch muß man z. B. bei einer Fließbandfertigung die optimale Ausbringung mit der maximalen gleichsetzen. Bei einer gemischten Serienfertigung läßt sich die optimale Ausbringung aber durch geeignete verfahrenstechnische Maßnahmen fast immer auf einen höheren Stand bringen. Durch solche Maßnahmen entsteht unter Umständen eine intensive Kapazitätserhöhung. In ihrer Auffindung und Durchführung liegt gerade die besondere Leistung der Betriebsingenieure. Durch rentable[31] Rationalisierungs-Maßnahmen kann man die optimale Ausbringungsgröße für die meisten Artikel der gemischten Fertigung in weiten Grenzen erhöhen. Das Schmalenbachsche Beispiel aus dem Bergbau stellt eine Ausnahme dar, die von den Naturbedingungen abhängt[32].

Die Verallgemeinerung der Feststellung, daß eine Kostendegression sich einmal erschöpfen muß, und in eine Kostenprogression umschlagen muß, ist also eine abwegige Annahme. Die Produktionstechnik ist meist, vor allem auf dem Gebiet der Weiterverarbeitung dynamisch, d. h. veränderbar. Nur Naturbedingungen, Kapitalmangel, Schwierigkeiten der Rationalisierung – die u. a. in der Unmöglichkeit einer auch nur vorübergehenden Unterbrechung der Fertigung liegen können, – setzen der Verbesserung der Produktionstechnik nähere Grenzen. Deshalb ist die verallgemeinerte Annahme der optimalen Ausbringungsgröße statisch.

Den dynamischen Bedingungen der industriellen Massenerzeugung entspricht also im allgemeinen und vorrangig nur die Dynamische Preisrechnung. Dieses Preisrechnungsverfahren zwingt nicht zur passiven Anpassung an die zufällig mögliche, konjunkturell bestimmte Auftragswahl un-

[29] Monofertigung, z. B. auch der Fertigungsstraßen von Walzwerken.
[30] Oder optimale Umsatzhöhe, die ihr langfristig gleichgesetzt werden kann.
[31] Im Sinne der Kostenträger-„Rentabilität".
[32] Siehe a.a.O., Über die herangezogene, weniger ergiebige Lagerstätte, S. 486.

ter dem Gesichtspunkt einer konkludenten Kostenveränderung[33] zwecks Verbesserung des betrieblichen Beschäftigungsgrades. Die Dynamische Preisrechnung geht vielmehr aktiv auf die Verbesserung des Kostenstandes durch Rationalisierungs-Maßnahmen und auf die Erhöhung der optimalen Ausbringungsgröße, die kontinuierliche Umsatzvermehrung aus. Erst wenn die Periode der Auswirkung einer Umsatzvermehrung abgeschlossen ist, kann zeitweilig wieder das in technischer Beziehung statische Verfahren der optimalen Betriebsauslastung zur Anwendung kommen. Dann kann vorübergehend auch die Statische Preisrechnung auf dem dynamisch erreichten Preisstande angewandt werden. Das bedeutet allerdings nur ein durchschnittliches Verharren auf dem niedrigen Preisstande, denn der Ansatz eines willkürlichen überhöhten Gewinnsatzes würde das laufende Umsatzvolumen schnell zu drosseln beginnen.

Im übrigen bleibt das betriebswirtschaftliche Ziel stets die Verbesserung des technischen Zustandes, des Produktionsverfahrens. Die einseitige, recht passive Kostengestaltung[34] nach der optimalen Betriebsauslastung gefährdet dagegen die Anwendung der Dynamischen Preisrechnung nicht nur. Sie verhindert sie sogar. Man stelle derartige Überlegungen unter allen Verhältnissen an, um welche produktionsorganisatorische Maßnahme es sich auch handelt. Man stelle sie frühzeitig, und möglichst vollständig an. Die Vielseitigkeit der erforderlichen Überlegungen, das Ineinandergreifen der dynamischen und statischen Bedingungen der Betriebsbeschäftigung zwingen in jedem Einzelfalle zur sorgfältigen Abstimmung und Beratung zwischen den technischen und betriebswirtschaftlichen Kostenfachleuten.

4. Bestehen der Dynamischen Preisrechnung[35] und erforderliche allgemeine Einführung infolge der fortschreitenden Anwendung der Automation

Die Dynamische Preisrechnung besteht allerdings schon. Für das Bestehen eines physischen oder sozialen Geschehens ist es nicht kennzeichnend, daß es einen Namen erhielt und schon der analytischen Forschung unterworfen wurde. Die Zunahme der aus dieser gewonnenen Erkenntnis weist vielmehr darauf hin, daß ihr Gegenstand nicht soeben erfunden, sondern daß er entdeckt wurde. Ein natürliches wirtschaftsgemäßes Verfahren findet auch ohne bewußte Festlegung und wissenschaftliche Durchdringung seine intuitive, improvisierte Anwendung.

Verwendet wurde die Dynamische Preisrechnung durch jeden Industrieunternehmer oder Handelskaufmann, der die Erfahrung machte, daß er

---

[33] Berechnung von Kostendegressionen und -progressionen.
[34] Kostengestaltungspolitik oder „Preispolitik".
[35] Siehe darüber auch Wiederholungen und Ergänzungen in den Kapiteln VII, 4, VIII, 1 und IX, 1.

mit Preissenkungen an Massenerzeugnissen jederzeit seinen Umsatz wesentlich erhöhte. Besonders wenn ein Unternehmer das Preisrechnungsverfahren laufend ausprobierte, ist er zur Dynamischen Preisrechnung übergegangen. Auch ohne die hier nachfolgend dargestellte Vergleichsrechnung in der Verwendung von Kostensenkungen wendet ein Unternehmer das dynamische Verfahren an, wenn er Kostensenkungen zu Preissenkungen, besonders zu weitgehenden, systematischen benutzt.

Ganze Einrichtungsgruppen der Wirtschaft beruhen in diesem Sinne auf der Dynamischen Preisrechnung: z. B. die allgemeinen Warenhäuser und die Spezialwarenhäuser für Konfektionsartikel. Eine saisonmäßige Anwendung finden der Inventurverkauf und der Ausverkauf von Restbeständen als dynamische Preisausgleichsverfahren. Bei diesen Verkaufsverfahren werden großenteils vollwertige Qualitätswaren zu stark gesenkten Preisen, aber ohne Verlustpreise umgesetzt. Auch Industriekonzerne, die sich mit der Herstellung von Konsumartikeln des Massenverbrauchs befassen, wie u. a. die meisten pharmazeutischen Großfirmen, wenden systematische Preissenkungen an, um ihre Umsätze zu steigern. Sie verwenden z. B. vorgeschriebene Einzelhandelspreise mit beträchtlichen Mengenrabatten zugunsten der Einzelhändler und sogar der Konsumenten[36].

In großem Umfange dürfte die Dynamische Preisrechnung – seit etwa zwei Jahrzehnten – in improvisierter Form und intuitiv, ohne grundsätzliche Erkenntnisse ihres Verfahrens in den Vereinigten Staaten von Nordamerika angewendet werden. Zahlreiche Tatsachen, besonders das unaufhörliche dortige Ringen um neue preissenkende Formen des Einzelhandels, die riesenhaften Umsätze von Massenartikeln und der beispiellos hohe Lebensstandard des nordamerikanischen Volkes weisen darauf hin. Es ist nicht verwunderlich, daß die wahrscheinlich in sehr vielen nordamerikanischen Wirtschaftsbetrieben gebrauchten dynamischen Preisrechnungsverfahren nicht an die Öffentlichkeit gelangten. Preisrechnungsgewohnheiten sind nach geschlechterlanger, erst in der Gegenwart etwas veraltender Überlieferung in fast allen Wirtschaftsbetrieben aus Wettbewerbsgründen in ein völliges Geheimnis gehüllt.

Neben der räumlichen Größe des nordamerikanischen Binnenmarktes und den natürlichen Bodenreichtümern des weiten Halbkontinents dürfte die dynamische Einstellung in der Preisrechnung eine wesentliche Quelle der hohen Warenumsätze in der Volkswirtschaft der Vereinigten Staaten sein[37]. Das dort wahrscheinlich als sehr erfolgreich bewährte dynamische

---

36 Siehe nähere Ausführungen zu diesen Tatsachen im Kapitel VII.

37 Einen Vorschlag in der Richtung der Dynamischen Preisrechnung brachten nordamerikanische Betriebswirtschafter in einem Zeitschriftenartikel. Siehe *McNair, Malcolm P.* und *Eleanor G. May:* Pricing for Profit. – A revolutionary approach to retail accounting – in: Harvard Business Review, May – June 1957, p. 109 – 122, besonders S. 122 Conclusion: Tentative Proposals. – Siehe auch Kap. IX, 1 die angeführten Zitate.

Preisrechnungsverfahren muß nunmehr offen, von der Wissenschaft weiterentwickelt, eine allgemeine Anwendung finden. Besonders in unseren europäischen Industrieländern tut das not, weil wir hier – im schroffen Gegensatz zu unsrer vorbildlich ausgebauten Kostenzeitrechnung – in dem abschließenden, auf die Kostenträger-Stückrechnung aufgestockten Preisrechnungsverfahren noch zurückstehen.

Die im letzten Jahrzehnt stark entwickelte Automation hat schon gegenwärtig zu bedeutenden Kostensenkungen in der Massenerzeugung von Industriewaren geführt. Sowohl die Fertigungskosten wie die Verwaltungs-Gemeinkosten und unter ihnen ein Teil der fixen Kosten in der Form der Angestellten-Gehaltssummen werden durch die Automation gesenkt. Die einen werden durch die elektronischen Steuerungsgeräte der Teilefertigung, die anderen durch die Elektronen-Rechenautomaten bedeutend vermindert. Viele Unternehmer suchen – man kann wohl sagen verzweifelt –, was andere schon besitzen. Sie suchen ein angemessenes, genaues Verfahren, das ihnen die sinnvolle Aufteilung der Kostensenkungen auf die Preise und Arbeitseinkommen, also auf die Realeinkommen der Arbeitnehmer einerseits und auf die Gewinne andererseits möglich macht. Hierfür bietet sich die Dynamische Preisrechnung als einziges wirksames, erfolgverheißendes Mittel an. Sie allein vermag die fortschrittlichen Wirkungen aller Rationalisierungs-Maßnahmen betriebswirtschaftlich und zugleich volkswirtschaftlich nutzbar zu machen.

Die Angst vor einer neuen Wirtschaftskrise besteht nach wie vor. Trotz des großen beständigen Wirtschaftsaufschwungs der Nachkriegszeit steht sie auch in der Bundesrepublik im Hintergrund des wirtschaftlichen Geschehens. Gewiß beugt man heutzutage Depressionen mit wirksamen Mitteln – besonders mit Erhöhungen der Nominal-Arbeitseinkommen – vor. In Ländern, in denen das nicht ausreichend geschieht, macht sich eine regionale Krise breit, z. B. gegenwärtig in Kanada. Auch der gegenwärtige Wirtschaftskreislauf der marktwirtschaftlichen Welt ist also keineswegs krisenfrei. Die umsatzbelebende Wirkung der Einführung des gemeinsamen Marktes der EWG wird auf die Dauer ebensowenig genügen wie die Erhöhungen der Einkommenstarife und ein langsames Herangehen an die Einführung der Automation, um Depressionen unmöglich zu machen. Die schwelende Sorge vor ihnen wird um so größer, je länger sie ausbleiben. Man wird die Gefahr ihres Heraufziehens, sobald diese einmal offener hervortritt, nur durch die rechtzeitige Einführung der Dynamischen Preisrechnung bannen können.

5. Grundschema des dynamischen Preisrechnungs-Vergleichs

Die Ansetzung einer Kostensenkung zur Preissenkung begegnet schon bisher einem beliebten Einwand. Preispolitische Praktiker in Wirtschaftsbetrieben behaupten: der absolute Gewinn-Beitrag einer Umsatzkategorie, also eines Kostenträgers oder einer Kostenträgergruppe, steigt bei einer durch die Preissenkung ausgelösten Umsatzvermehrung überhaupt nicht oder nicht in gleichem Maße wie diese. Es wird sogar angenommen, daß jener Gewinn-Beitrag sinkt. Gewiß herrscht diese Meinung nicht allgemein, aber man kann sie doch als vorherrschend betrachten. Schon die Darstellung der drei Grundfälle der Verwendung der Kostensenkung beweist das Gegenteil.

Jener verbreitete, beliebte Einwand ist falsch. In ihm ist der zeitliche Ablauf des Umsatzprozesses nicht beachtet. Allerdings kann eine absolute Gewinnverminderung anfänglich, nach einer Preissenkung – je nach dem Artikel im ersten Monat oder in den unmittelbar folgenden Monaten – noch eintreten. Sie kann eintreten, weil die Umsatzvermehrung gewöhnlich nicht sofort und schlagartig zustandekommt, sondern erst allmählich und progressiv. Auch der Umsatzgrad der optimalen Kostengestaltung, der z. B. in einem Industriebetrieb selten unmittelbar nach einer Rationalisierung erreicht ist, wird durch die Preissenkung erst allmählich ausgelöst. Dieser entscheidende Zusammenhang wird in der Preisgestaltung der meisten Wirtschaftsbetriebe überhaupt nicht oder nur zufällig, gefühlsmäßig einmal berücksichtigt[38].

Auch der gleichfalls sehr übliche Einwand gegen die Vorteile einer Betriebspolitik systematischer, aktiver, nicht auf einem Zwang zur Abstoßung überschüssiger Lagerwaren beruhender Preissenkungen, der Einwand der Bedarfsgrenzen trifft bei Massenartikeln nicht zu. Der Bedarf an ihnen ist meist größer als die kaufkraftbegründete Nachfrage. Vor allem ist der Bedarf an Konsumgütern jeder Art fast immer unbegrenzt[39]. Der Warenhunger ist das Hauptmerkmal jeder bisherigen Wirtschaftsepoche. Auch die Verbraucher der Industriewirtschaft leiden bis heute, sogar in den fortgeschrittensten Industrieländern noch unter ihm. Gleichzeitig sind aber bedeutende Produktionskapazitäten unbeschäftigt, und periodisch besteht sogar ein Überfluß an nicht verkäuflichen Waren.

Bei einer folgerichtigen Anwendung kann die Dynamische Preisrechnung nur zu einer Absatzvermehrung und mit ihr zu einer Erhöhung der absoluten Gewinnbeiträge der berechneten Kostenträger-Einheiten führen. Zur weiteren Klärung ihres Verfahrens wird nachfolgend eine genauere Vergleichsrechnung der dynamischen Kosten-, Gewinn- und Preisgestaltung gegeben:

[38] Über die Nutzung der sekundären Kostensenkung, die denselben Wirkungen unterliegt, siehe u. a. Kapitel V. Über die Multiplikatorwirkung siehe Kapitel IX, 1.

[39] Siehe darüber auch Kapitel VI, 4.

Tabelle 1

Dynamische Kosten- und Gewinnverteilung auf den Preis (Beispiel)
(Bezogen auf eine anfängliche Umsatzmengen-Einheit M einer Ware, ca. 55,6 % Kostensenkung, 50 % Preissenkung und 10 % Gewinnerhöhung am neuen Preis P' gegenüber dem alten Preis P)

		Kosten a)		Gewinn b)		Preis c)	
		DM	%	DM	%	DM	%
1.	Alte Rechnung (P für M)	18.—	90 %	2.—	10 %	20.—	100 %
2.	Kostensenkung d)	10.—	(55,6 %)	—	—	—	—
3.	Angesetzte Gewinnsatz-Erhöhung e)	—	—	—	—	—	—
4.	Anteilige Preissenkung e)	—	—	—	—	– 10.—	(50 %)
5.	Neue Rechnung (P' für M)	8.—	80 %	2.—	20 %	10.—	100 %
6.	Kaufkrafterhöhung f)	8.—	80 %	2.—	20 %	+ 10.—	100 %
7.	Neuer Umsatz (P' für 2 M) g)	16.—	80 %	4.—	20 %	20.—	100 %
8.	Prozentuale Veränderung innerhalb des Rechenteiles h)	—	—	+ 100 % i)	—	— 50 % i)	—

a) Gesamtkosten (Einzelkosten und Gemeinkosten jeder Art).
b) Rohgewinn-Anteil des Kostenträgers.
c) Angebotspreis bzw. bei alter Rechnung erzielter Marktpreis.
d) Angenommen durch größere Rationalisierung und Einsparung infolge Materialumstellung.
e) Verwendung der Kostensenkung.
f) Zur Umsatzerhöhung von M auf 2 M.
g) 2 M = doppelte Warenmenge.
h) Bei einer Umsatzmenge 2 M gegenüber der alten M.
i) Die Verschiedenheit der prozentualen Bezugsgrundlagen ist zu beachten.

Aus den Zahlen des Tabellen-Beispiels 1 zur Dynamischen Preisrechnung[40] ergibt sich, daß infolge der Preissenkung auf die Hälfte des ursprünglichen Preises die Kaufkraft der Nachfragenden um 100 % gegen-

[40] Das scheinbar radikale Beispiel einer über 50 prozentigen Kosten- und 50 prozentigen Preissenkung wurde gewählt, weil es die Wirkung der Nutzung des Kaufkraftprozesses durchsichtiger macht als ein gemäßigteres.

über dem auf die Warenmenge M bezogenen Kaufkraftanteil gestiegen ist. Für den alten Kaufkraftanteil P erhält der Verbraucher durch den Preis P' die doppelte Warenmenge 2 M. Der absolute Gewinnanteil hat sich um 100% des alten Gewinnbeitrags von DM 2,– auf DM 4,– oder – auf die Preise bezogen – von 10% auf 20% erhöht.

Die in der vorstehenden Tabelle dargestellten Zusammenhänge decken das Wesen des gewöhnlich übersehenen und verkannten Kaufkraftmechanismus auf. Die übliche statische Annahme, in der Preisrechnung führe die Preissenkung stets zur Schmälerung des Gewinns, ist falsch. Sie ist vulgär. Bei Massengütern führt jede aktive Preissenkung zugleich eine Kaufkräfteerhöhung des anbietenden Betriebes und der kaufenden Kunden herbei.

Verpaßte aktive Preissenkungen lösen zwar nachträglich passive Preissenkungen aus. Diese sind aber infolge der schon eingetretenen Produktionsbeschränkungen in den mittels der Rationalisierungs-Maßnahmen vergrößerten Produktionskapazitäten von weit schwächerer Wirkung. Sie stehen im Gegensatz zu den durch die unteroptimale Betriebsauslastung wieder erhöhten Kosten. Sie stärken die Kaufkraft der Verbraucher nicht in demselben Maße wie die aktiven Preissenkungen und gehen zu Lasten des Gewinns, dessen Anteile sie bei dem betreffenden Kostenträger unter Umständen ganz aufzehren. Sie können sogar zu Verlustpreisen führen, welche die Gewinnbeiträge anderer Kostenträger vermindern. Bei einer Einartikelfertigung oder der gleichen verfehlten Kostensenkungs- und Preiserhaltungspolitik für mehrere Kostenträger können die passiven Preissenkungen starke Bilanzverluste heraufbeschwören. Wenn derartige Vorgänge langfristig anhalten, gefährden sie das gesamte Unternehmen. Sie treiben es in eine betriebliche Absatz- und Zahlungskrise hinein.

Das nachfolgende Schemabeispiel auf Seite 48 weist eine Kostensenkung und Preissenkung geringeren Grades auf.

Aus den Zahlen des nachstehenden Tabellen-Beispiels 2 zur Dynamischen Preisrechnung ergibt sich, daß infolge der Preissenkung um 15% des ursprünglichen Preises die Kaufkraft der Nachfragenden um 15% gegenüber dem auf die Warenmenge M bezogenen Kaufkraftanteil gestiegen ist. Für den alten Kaufkraftanteil P erhält der Verbraucher durch die Preissumme P zum Preis P' eine um 15% vermehrte Warenmenge M'. Der Anteil des Gewinns am Preis hat sich um rd. 50% des alten Gewinnanteils von DM 2,– auf DM 2,99, oder in Bezug zu den Preisen von 10% auf 14,95% erhöht. Die Unternehmerkaufkraft ist nach dem vorliegenden Beispiel über dreimal so stark gestiegen als die Kaufkraft der Nachfragenden. Die Ursache liegt in der auch für die ursprüngliche Warenmenge M angesetzten Gewinnerhöhung von DM 0,60. Dieses Verfahren ist ungenügend, weil es die Kaufkräfte der Nachfragenden nicht ausreichend stärkt.

Im allgemeinen wird mindestens die prozentuale Gleichheit des Kaufkraftzuwachses der anbietenden Betriebe und der nachfragenden Verbraucher zu erstreben sein. Sie entspricht der proportionalen Verteilung der Kostensenkung.

Tabelle 2

Dynamische Kosten- und Gewinnverteilung auf den Preis (Beispiel)
(Bezogen auf die anfängliche Umsatzmengen-Einheit M einer Ware, 20% Kostensenkung, 15% Preissenkung und rd. 50% Gewinnerhöhung am neuen Preis P' gegenüber dem alten Preis P)

		Kosten a)		Gewinn b)		Preis c)	
		DM	%	DM	%	DM	%
1.	Alte Rechnung (P für M)	18.—	90 %	2.—	10 %	20.—	100 %
2.	Kostensenkung d)	–3,60	(20 %)	—	—	—	—
3.	Angesetzte Gewinnsatz-Erhöhung e)	—	—	+ 0,60	3 %	—	—
4.	Anteilige Preissenkung e)	—	—	—	—	— 3.—	(15 %)
5.	Neue Rechnung (P' für M)	14,40	84,7 %	2,60	15,3 %	17.—	100 %
6.	Kaufkrafterhöhung f)	2,61	87 %	0,39	13 %	+ 3.—	100 %
7.	Neuer Umsatz (P' für M') g)	17,01	85,05 %	2,99	14,95 %	20.—	100 %
8.	Prozentuale Veränderung innerhalb des Rechenteiles h)	—	—	rund + 50 % i)	—	— 15 % i)	—

a) Gesamtkosten (Einzelkosten und Gemeinkosten).
b) Rohgewinnanteil des Kostenträgers.
c) Angebotspreis bzw. bei alter Rechnung erzielter Marktpreis.
d) Angenommen durch eine Rationalisierungs-Maßnahme und Steuersenkung.
e) Verwendung der Kostensenkung.
f) Zur Umsatzerhöhung um 15% die weitere Gewinnerhöhung von DM 0,39.
g) M = M + 15%.
h) Bei neuer Umsatzmenge gegenüber der alten.
i) Die Verschiedenheit der prozentualen Bezugsgrundlagen ist zu beachten.

Um die Anwendung des Prinzips der Dynamischen Preisrechnung wenigstens im allgemeinen Rahmen abschließend zu klären, wird ihren vorangestellten Beispielen zweckmäßig das Beispiel der vollen statischen Verwendung der Kostensenkung gegenübergestellt. Das nachfolgende Schemabeispiel zeigt die Preisrechnung unter voller Verwertung einer Kostensenkung für die augenblickliche Gewinnerhöhung:

Tabelle 3

Statische Kosten- und Gewinnverteilung auf den Preis

(Bezogen auf die Umsatzmengen-Einheit M einer Ware, 30% Kostensenkung und eine dieser entsprechende Gewinnerhöhung am gleichbleibenden Preise P' = P)

		Kosten a)		Gewinn b)		Preis c)	
		DM	%	DM	%	DM	%
1.	Alte Rechnung (P für M)	18.—	90 %	2.—	10 %	20.—	100 %
2.	Kostensenkung d)	–6.—	30 %	—	—	—	—
3.	Angesetzte Gewinnsatz-Erhöhung e)	—	—	+ 6.—	+30%	—	—
4.	Anteilige Preissenkung e)	—	—	—	—	—	—
5.	Neue Rechnung (P' = P)	12.—	60 %	8.—	40 %	20.—	100 %
6.	Kaufkrafterhöhung f)	—	—	(6.—)	(30%)	—	—
7.	Neuer Umsatz (M' = M) g)	12.—	60 %	8.—	40 %	20.—	100 %
8.	Prozentuale Veränderung innerhalb des Rechenteiles h)	—	—	400 % i)	—	0 %	—

a) Gesamtkosten (Einzelkosten und Gemeinkosten).
b) Rohgewinnanteil des Kostenträgers.
c) Durchschnittlicher Marktpreis.
d) Angenommen durch eine qualitätserhöhende Vereinfachung der Ware und eine zusätzliche Rationalisierung des Fertigungsverfahrens.
e) Verwendung der Kostensenkung nur für den Gewinnsatz.
f) Nur beim anbietenden Unternehmer.
g) $M' = M + 0\%$.
h) Bei unveränderter Umsatzmenge.
i) Die Verschiedenheit der prozentualen Bezugsgrundlagen ist zu beachten.

Aus den Zahlen des vorstehenden Tabellen-Beispiels 3 zur Statischen Preisrechnung ergibt sich, daß diese keinen Beitrag zur Stärkung der Kaufkraft der Verbraucher leistet. Wenn in der gesamten Volkswirtschaft anläßlich der Kostensenkungen nur eine Statische Preisrechnung Anwendung findet, so ist von der Preisgestaltung her keine Umsatzerhöhung mehr möglich. Es kann dann nur noch eine kurzfristige Umsatzstockung oder Umsatzfestigung eintreten und anschließend ein Rückgang der Umsätze nach dem Grade der Bedürfnis-Rangfolge[41].

Kostensenkungen entstehen meist durch Rationalisierungen, also infolge von Verminderungen der Arbeitsaufwendungen und der aktuellen Beschäftigung von Arbeitskräften. Sie führen mithin unmittelbar zu Verminderungen der Konsum-Kaufkräfte und zu Umsatzschrumpfungen. Die anfänglich erhöhten Gewinne bringen zwangsläufig, soweit sie nicht zur Abdeckung der Rationalisierungs-Investitionen dienen, extensive Neuinvestitionen und damit eine einseitige vorübergehende Vermehrung des Verbrauchs von Investitionsgütern und von Gütern der industriellen Betriebserhaltung[42]. Mit der Ausdehnung der Produktionskapazitäten[43] in der Investitionsgüter- und der Materialgüterindustrie[44] geht aber keine proportionale Ausdehnung der Produktionskapazitäten und ihrer Nutzung in der Konsumgüterindustrie[45] einher. Diese ist der letzte Ergänzungs- und Auffangbereich für die zunehmende Betätigung der beiden anderen großen Industrieabteilungen[46]. Ihre zunehmende Beschäftigung ist deshalb unerläßlich. Da ihre Kapazitätserweiterungen sich nicht zügig nutzen lassen, treten weitere Umsatz-Schrumpfungen und Kostenerhöhungen in allen Industrieabteilungen auf.

Die laufende Stärkung der Nachfrage-Kaufkräfte der Konsumenten ist notwendig, um die gewachsenen Produktionskapazitäten aller Industrieabteilungen laufend zu beschäftigen. Nur durch sie kann der weitgehend ungedeckte Bedarf der Konsumenten den Investitionsbedarf auf einer sinnvollen, erfolgversprechenden Höhe halten. Nur durch sie kann er selbst zur zunehmenden Deckung gelangen. Die Konsumenten-Kaufkräfte werden aber nicht allein durch die Nominaleinkommen der Arbeitnehmer erhalten. Sie werden auch durch die kostenabhängigen Preissenkungen in allen Industrieabteilungen und in der Landwirtschaft gestärkt.

Tatsächlich vollzieht sich der Drosselungsprozeß der allgemeinen Umsatzgestaltung im bisherigen Verlauf des Industriezeitalters selten und allgemein – im gesamten Bereich aller Wirtschaftszweige – radikal. Nicht nur unter dem Zwang der Wirtschaftsdepressionen oder durch den freien Wettbewerb vieler Betriebe erfolgen freilich vorwiegend passive, verspätete

[41] Etwa entsprechend der Mengerschen Bedürfnisskala.
[42] Fertigungs- und Hilfsstoffe der Investitionsgüterindustrie.
[43] Durch Eigeninvestitionen, d. h. Betriebserweiterungen und Fremdinvestitionen in neuen Betrieben.
[44] Grundstoffindustrien.
[45] Einschließlich der Lebensmittelindustrie.
[46] Siehe auch Kapitel II.

Preissenkungen. Erhöhungen der nominellen Arbeitseinkommen bilden ebenso wie plötzliche intuitive Anwendungen des dynamischen Preisrechnungsverfahrens im rechten Augenblick gerade vollzogener Rationalisierungen die Rettungsmittel. Mit ihrer Hilfe stolpert und hinkt unsere in ihren technischen und sonstigen betriebswirtschaftlichen Grundlagen so fortschrittliche Industriewirtschaft weiter in eine ungewisse Zukunft . . .

Die laufende Stärkung der entscheidenden Konsumenten-Kaufkräfte kann nur durch die Dynamische Preisrechnung erfolgen. Im konkludenten Prozeß der Einkommensverteilung des Wirtschaftskreislaufs gibt es von der Seite der industriellen Massengüter kein anderes gleich wirksames Mittel. Woher soll die Kaufkraft der Verbrauchermassen sonst kommen? Sie kann nicht aus den Wolken fallen. Schiller sagt zwar: „Aus den Wolken muß es fallen, aus der Götter Schoß das Glück und der mächtigste von allen Herrschern ist der Augenblick." Dieses Urteil drückt gewiß – abgesehen von seiner unpassenden Symbolik – eine weit verbreitete und scheinbar unternehmergemäße Haltung aus. Es ist aber ein sehr einseitiger Maßstab für das betriebswirtschaftliche Handeln, das niemals in entscheidender Weise dem Augenblick gewidmet sein darf, sondern mit einer weitsichtigen, volkswirtschaftlich eingestellten Berechnung gerade auf die zeitliche Dauer ausgehen muß.

Vom Nominal-Arbeitseinkommen, vom Zins, von einem privaten Verwendungsteile des Unternehmergewinns usw. allein kann die Zunahme der Konsumenten-Kaufkräfte nicht herkommen. Sie sind zwar in jeder Preisrechnung durch die Kostenelemente enthalten. Es kommt zwar auf ihre richtige Verteilung an. Diese Verteilung kann endgültig, wirksam aber nur über den Preis zustandekommen. Die ausreichende reale Kaufkraft der Verbrauchermassen entsteht nur durch aktive Preissenkungen für Massenkonsumgüter und industrielle Massenverbrauchsgüter, Kostengüter. Es ist nicht möglich, durch Lohn- und Gehaltssenkungen oder Preiserhöhungen, durch niedrige Nominal-Arbeitseinkommen und hohe Preise die Arbeitnehmer sowie auch die sehr zahlreichen mittelständischen Betriebsinhaber[47] als Produzenten und Konsumenten zu übervorteilen[48], ohne zugleich langfristig die Unternehmergewinne zu beschneiden. Die zur Zeit noch vorherrschende industrielle Preispolitik unter Benutzung der Statischen Preisrechnung ist deshalb industriefeindlich. Trotz ihres dauernden Gebrauchs ist sie utopisch[49].

Worauf es bei der industriellen Preisrechnung ankommt, sei hier in eine kurze Regel gekleidet: Preissenkungen dürfen sich nicht nach dem Markte, d. h. gemäß dem – zum mindesten in seiner Verallgemeinerung – indu-

[47] Landwirte, Handwerker usw.

[48] Die Sozialisten nennen es, unter einseitige Zuspitzung auf die Fertigungslöhne „ausbeuten".

[49] d. h. in der hochgradigen Verallgemeinerung ihrer Anwendung.

striefeindlichen Gesetz von Angebot und Nachfrage, nach der sinkenden Nachfrage richten. Sie müssen an die Kostensenkungen anknüpfen, um diese volkswirtschaftlich zu nutzen. Fast alle Warenverkäufer starren wie hypnotisiert – hypnotisiert durch das Gesetz von Angebot und Nachfrage – auf den Markt, um die Gelegenheiten der kämpferischen Gewinnerhöhung durch Preissteigerungen nicht zu verpassen. Aber gerade dadurch drosseln sie auf die Dauer ihre Gewinnerhöhungs-Aussichten. In der Industriewirtschaft hängen die wahren, beständigen Aussichten der Gewinnerhöhung nicht von Preissteigerungen, sondern nur von Preissenkungen ab. Sie sind die Aussichten der mit den Nachfragenden solidarischen Gewinnerhöhung.

IV. Kostengestaltung und Preisrechnung: Entscheidende Quellen der Kostenerhöhung und Kostensenkung

1. Zusammenhänge zwischen den Kosten-Kategorien

Die Kosten sind mittelbar für die Bildung eines Angebotspreises und damit des Marktpreises maßgebend. Als Preisgrundlage leiten sie die Preisrechnung. Sie lassen sich nicht übergehen, sondern erfordern eine strenge Beachtung. Deshalb ist der Zusammenhang aller Kostengruppen von besonderer Bedeutung. Für die Preisrechnung einer Ware, für ihre Stück- oder Mengenrechnung – auch Kostenträger-Stückrechnung[1] genannt – werden die nachfolgend aufgeführten Kosten-Kategorien wirksam:

A. *Die einzelnen Gemeinkostenarten:* (Sie erscheinen in der Kostenstellenrechnung und in der Kostenträger-Zeitrechnung[2] und werden auf die Gemeinkostenstellen der unter B angeführten preisrechnerischen Kostenelemente aufgeschlüsselt verteilt.)	z. B. Strom- und Gaskosten, Transport-, Reparatur-, Werkzeug-, Lagerhaltungs- und Verwaltungskosten (Gehälter, Löhne usw. Steuern, Mieten, Beiträge, Spesen, Werbekosten, Abschreibungen usw.)[3]
B. *Die preisrechnerischen Kostenelemente:* (Kalkulatorische Kostengliederungsgruppen nach Kostenträger- und Kostenstellen-Bereichen, auch verrechnungstechnische Kosten genannt[4]. Sie werden, soweit sie Gemeinkosten sind, aus den angefallenen Gemeinkostenarten-Beträgen gebildet.)	Fertigungs-Einzelkosten, (Fertigungslohn und -material), Fertigungs-Gemeinkosten, Material-Gemeinkosten, Sonder-Einzelkosten sowie die kalkulatorischen Zusammenfassungen: Herstellkosten, Selbstkosten[5].
C. *Die dynamischen Kostengruppen:* (Kostengruppen nach der Abhängigkeit vom Beschäftigungsgrad sowie von ihm relativ unabhängige Kostengruppen wie die Fertigungs-Einzelkosten, deren Umfang aber den Beschäftigungsgrad anzeigt.)	Variable und fixe Kosten (unabhängige und abhängige variable, sowie unter diesen proportionale, degressive und progressive Kosten)[6].
D. *Die Entwicklungs- und Rationalisierungskosten:* Eine Gemeinkostengruppe, die eigentlich eine Sondergruppe ist.	Sind relativ variable unabhängige Kosten, lassen sich mehr oder minder degressiv oder progressiv gestalten.

---

[1] Oder Kostenträger-Mengenrechnung.

[2] Soweit diese selbst kostspielige Kostenrechnungsart in einem Betriebe besteht.

[3] Siehe u. a. die Gliederung des BAB's (Betriebsabrechnungsbogens) im: Lexikon des kaufmännischen Rechnungswesens (hrsg. von Karl Bott, 2. Aufl., Stuttgart, 1955) 1. Bd. Sp. 385 ff.

[4-6] siehe Seite 54 unten.

Die Tabelle auf Seite 55 stellt die Zusammenhänge zwischen den Kosten-Kategorien B, C und D der vorstehenden Aufstellung dar, während die einzelnen Gemeinkosten der Kostenkategorie A über die Kostenstellenrechnung (Zuschlagsrechnung bei gemischter Fertigung) in die Elemente der Kostenträger-Stückrechnung der Gruppe B übergehen.

Die nachfolgende Tabelle zeigt die sehr verwickelten Zusammenhänge in der preisrechnerischen Kostenverrechnung. Ihre Feinheiten sind noch nicht ausreichend erforscht. Außerdem kann die vielfach von den besonderen Betriebsbedingungen und Fertigungsverfahren abhängige Zuordnung einzelner preisrechnerischer Kostenelemente in der Tabelle auch objektiv strittig sein. Aus der vorstehenden Übersicht können wir jedoch schon einige Zusammenhänge zwischen den preisrechnerisch wichtigen dynamischen Kostengruppen klarer erkennen, als dies gewöhnlich geschieht.

Dynamisch sind die besonders von *Schmalenbach*, a.a.O., in ihren Zusammenhängen, Ursachen und Folgen analysierten, vom Beschäftigungsgrad des Betriebes abhängigen Kostengruppen aus folgendem Grunde: Sie betreffen die Umsatzbewegung des Betriebes. Ihre Unterscheidung dient dazu, den sogenannten optimalen Beschäftigungsgrad zu erreichen. Im höheren Sinne dynamisch sind jedoch die Entwicklungs- und Rationalisierungskosten, weil die erfolgreiche Gestaltung der Entwicklung und Rationalisierung die Ausdehnung der Produktionskapazitäten zur weiteren Umsatzvermehrung sichert[7]. Warenentwicklung und Rationalisierung sind unabhängig vom bestehenden Beschäftigungsgrad des Betriebes. Sie bestimmen dessen Verbesserung in aktiver Weise. Sie können ihn erhöhen und seine optimale Nutzung auf einen höheren Stand haben.

Schmalenbach wies in seinem am Anfange dieses Kapitels erneut zitierten grundlegenden Werk auf die Abhängigkeit der Kosten vom Beschäftigungsgrad hin. Er behandelte diese Abshängigkeit sehr eingehend, indem er die Einzelkosten-Behandlung der Fertigungsaufträge[8] mit dem Ziele der optimalen Gestaltung des gesamten Fertigungsprozesses zur Senkung der Gesamtkosten auf einen möglichst niedrigen Stand herausstellte. Schmalenbach wies nach, daß von der auftragsgemäßen Arbeitsgliederung und

---

[4] Siehe *Mellerowicz*, Konrad: a.a.O., Kosten und Kostenrechnung Bd. I: Theorie der Kosten, S. 97 Die funktionellen Kostengruppen – und Bd. II, 1: Allgemeine Fragen der Kostenrechnung und Betriebsabrechnung (2. und 3. völlig umgearbeitete Aufl., Berlin, 1958) S. 212 ff. Einzelkosten S. 252 ff. Gemeinkosten. Ferner *Kosiol*, Erich: Kalkulatorische Buchhaltung (Betriebsbuchhaltung) (Wiesbaden, 1950), S. 240: Übersichtsschema über die Einzel-, Gruppen- und Gemeinkosten.

[5] Siehe auch Lexikon des kaufm. Rechnungswesens, 2. Bd., Sp. 1587 Kostenbereiche und Sp. 1589 Kostengruppierung.

[6] Siehe *Schmalenbach*, a.a.O., (Kostenrechnung . . .) S. 41 ff.

[7] Wenigstens bei jeder gemischten und nicht fließenden Fertigung, z. B. auch in der Bergbauerzeugung.

[8] Siehe in der Tabelle unter „Proportionale Kosten" in der Spalte „Unabhängige variable Kosten".

Verteilung der preisrechnerischen Kostenelemente sowie der Entwicklungs- und Rationalisierungskosten auf die dynamischen Kostengruppen (Kombination der Kostenkategorien B, D und C)

<table>
<tr><td colspan="2" rowspan="2"></td><td colspan="3">Bezogen auf den steigenden Umsatz a)</td></tr>
<tr><td>Proportionale Kosten b)</td><td>Degressive Kosten c)</td><td>Progressive Kosten d)</td></tr>
<tr><td rowspan="2">Variable Kosten</td><td>Unabhängige variable Kosten</td><td>Fertigungs-Einzelkosten (Fertigungslohn- und Materialkosten) e)</td><td>Meist Entwicklungskosten, bisweilen Rationalisierungskosten f)</td><td>Bisweilen Entwicklungskosten, meist Rationalisierungskosten f)</td></tr>
<tr><td>Abhängige variable Kosten</td><td>Material- und Fertigungs-Gemeinkosten, z. B. innerbetriebliche Transportkosten, Wagniszuschlagkosten g)</td><td>Vertriebsgemeinkosten mit Werbekosten, Fertigungs-Verwaltungskosten, Lagerhaltungskosten h)</td><td>Fertigungs-Einzelkosten für Überkapazitäten, Fertigungs-Gemeinkosten wie Maschinenreparaturen, Ausschuß i)</td></tr>
<tr><td colspan="2" rowspan="2">Fixe Kosten j)</td><td>Bezogen auf gleichbleibenden Umsatz</td><td>Bezogen auf steigenden Umsatz</td><td>Bezogen auf sinkenden Umsatz</td></tr>
<tr><td>Proportional wirkend k)</td><td>Degressiv wirkend l)</td><td>Propressiv wirkend m)</td></tr>
</table>

a) Sowie Mengen- oder Stückeinheiten.
b) Bei sinkendem Umsatz proportional abnehmend.
c) Bei sinkendem Umsatz progressive (Regression).
d) Bei sinkendem Umsatz degressive (Regression).
e) Einschließlich der Sonder-Einzelkosten.
f) Die Verrechnung unter den Gemeinkosten der Fertigungskostenstellen hebt die Unabhängigkeit dieser Kostengruppe nicht auf, gleich welche Gemeinkostenarten unmittelbar oder durch Umlegung an ihnen beteiligt sind.
g) Soweit Wagniszuschläge ordnungsgemäß im BAB verrechnet werden.
h) Im Fertigwarenlager, das eine zunehmende Entlastung erfährt.
i) z. B. Schichtlohnzuschläge, ferner erhöhte Kosten für Investitionskredite samt Sonderabschreibungen auf neue Investitionsmittel, die aber richtiger zu den Entwicklungs- und Rationalisierungskosten gehören.
j) Im wesentlichen Verwaltungs-Gemeinkosten. Sie sind nur relativ fix, z. T. in gewissen Grenzen aber auch unabhängig oder abhängig variabel wie etwa gewisse Steuerkosten, Abschreibungen u. a. m.
k) Bei hohem und niedrigem Umsatzstand.
l) Bis zum Umsatz-Optimum, das sehr oft variabel ist. Ebenso bei sinkendem Umsatz oberhalb des Umsatz-Optimums (Regression).
m) Unter dem Umsatz-Optimum. Ebenso bei steigendem Umsatz oberhalb des Umsatz-Optimums.

dem Umfang der Fertigung die relative Größe der gesamten abhängigen variablen Kosten – in ihren degressiven und progressiven Kostengruppen – sowie der Belastungsgrad der fixen Kosten abhängt.

Die gegenwärtig sehr aktuelle, besonders von den USA ausgehende, fortgeschrittene betriebliche Programmplanung[9] stellt im Grunde nur eine Weiterentwicklung der schon 1928 von Schmalenbach veröffentlichten Grundsätze über die Handhabung der Hereinnahme von Kundenaufträgen nach Art und Menge dar. Das Ziel dieser Grundsätze war die optimale Auftragsgestaltung und Betriebsbelastung zur Erzielung eines optimalen Kostenstandes im Verhältnis zur möglichen Preisgestaltung und zum Brutto-Gewinn. Dagegen ging Schmalenbach auf die in der vorstehenden Tabelle unter den unabhängigen variablen Kosten angeführten Entwicklungskosten[10] und auf die Rationalisierungskosten[11] nicht näher ein. Diese Lücke dürfte dadurch entstanden sein, daß Entwicklungs- und Rationalisierungskosten in den meisten Betrieben, auch soweit sie auf besonderen Kostenstellen anfallen, in die allgemeine Verrechnung der Fertigungs-Gemeinkosten eingehen, ohne zugleich einer anderen Behandlung als der üblichen Überwachung zu unterliegen.

Tatsächlich haben diese beiden Kostengruppen aber eine besondere Bedeutung, die nachfolgend noch näher dargestellt wird. Vorweg sei jedoch darauf hingewiesen, daß sie im Rahmen der gesamten betrieblichen Aufwandsgestaltung in Fertigungsbetrieben eine enge Beziehung zu den Gewinnsätzen der Preisrechnung besitzen. Technische Entwicklungsarbeiten und Rationalisierungs-Maßnahmen verursachen einerseits in erheblichem Umfange Kosten, die einseitig kostenträgerabhängig sind, aber kostenstellenmäßig verrechnet werden[12]. Diese Kostenteile sind großenteils Aufwendungen, die sich weder bilanzmäßig aktivieren lassen, noch aktivierungspflichtig sind. Andererseits führen technische Entwicklungs- und Rationalisierungs-Maßnahmen aber auch zu mehr oder minder großen aktivierungspflichtigen Aufwendungen, z. B. für Beschaffungen von Spezialmaschinen, Ergänzungsaggregaten usw.

Größere Warenentwicklungs- und Rationalisierungs-Maßnahmen erfordern deshalb auch größere Kapitalaufwendungen, welche die Betriebe sich durch den Versuch der Gewinnsatzerhöhung zum Zwecke der Selbstfinanzierung beschaffen wollen. Derartige Versuche wirken dem Grundsatz der Dynamischen Preisrechnung eindeutig entgegen.

---

[9] Linearprogramming usw. Siehe dazu: Neue Wege zur Fortführung der Automation (hrsg. von der Deutschen Gesellschaft für Betriebswirtschaft, Berlin, 1957), besonders den Beitrag von Hans-Hermann *Böhm*, S. 78 ff.

[10] Kosten der technischen Warenentwicklung.

[11] Kosten der Einführung von Rationalisierungsverfahren.

[12] Dieser Gegensatz tritt wenigstens bei der Zuschlagkalkulation in Erscheinung.

Starke, übermäßig beschleunigte Entwicklungs- und Rationalisierungs-Maßnahmen zehren einerseits anderweitige Kostenverminderungen, die sie außerdem fördern sollen, auf. Sie erschweren also die Kostensenkung. Andererseits wirken sie der Preissenkung aber auch von der Gewinnseite her entgegen. Auf die aus diesem Zusammenhange sich ergebende Forderung eines zeitlichen Maßhaltens in den Entwicklungs- und Rationalisierungs-Maßnahmen wird in den nachfolgenden Abschnitten[13] noch näher eingegangen.

Im System der gesamten Kostenrechnung dient die Kostenstellen-Zeitrechnung als vorbereitende Stufe der Kostenträger- Stück- oder Mengenrechnung. Wo eine Divisionskalkulation besteht[14], werden die gesamten Kosten – Einzelkosten[15] und Gemeinkosten – unmittelbar verrechnet. Wo die Zuschlagskalkulation Anwendung findet[16], werden die Gemeinkostenzuschläge in der Kostenstellenrechnung, gewöhnlich über den Betriebsabrechnungsbogen (BAB) ermittelt.

Außerdem dient die gesamte Kostenstellen- und Kostenträger-Zeitrechnung als das entscheidende Mittel der Kostenkontrolle und damit als Hauptmittel der Kostensenkung und Preissenkung. Daran wurde schon eingangs erinnert. Die Zeitrechnungen und die Verfahren der Standardkostenrechnung zeigen, wo z. B. Rationalisierungs-Maßnahmen notwendig, vordringlich, möglich und einfach sind[17]. Eine sorgfältig ausgebaute Kostenrechnung ermöglicht es nicht nur, betriebliche Arbeitsfehler und Entscheidungsfehler als Kosten-Vermehrungsquellen, als Verschwendungsquellen aufzudecken und abzustellen. Sie gestattet es auch, die selbsttätige Wirkung von Kostendegressionen und Kostenprogressionen in der gesamten betrieblichen Absatz- und Investitionsplanung rationell anzusetzen. Allerdings müßte dies auch mit den Entwicklungs- und Rationalisierungskosten geschehen!

In diesen Möglichkeiten liegt die höchste Aufgabe der gesamten Kostenrechnung. Durch deren bewußte und planmäßige Nutzung wird sie zum Mittel der Kostensenkung. Durch ihre Vernachlässigung treten fast immer Kostenerhöhungen gegenüber dem normalen Mindestmaß unvermeidbarer Kosten ein. Das gilt besonders für die Gemeinkosten, von denen viele den Kosten-Degressionen und -Progressionen unterliegen[18].

---

[13] Dieses Kapitels.

[14] Divisions-Preisrechnung. Siehe dazu u. a. Gablers Wirtschafts-Lexikon (hrsg. von R. *Sellien* und W. *Sellien* I. Bd., Wiesbaden, 1956) Sp. 1495 – 1498; *Kosiol*, E.: Kalkulation.

[15] Auch Erzeugnis- oder Leistungs-Maßkosten genannt. Siehe Lexikon des kaufm. Rechnungswesens, 3. Bd., Sp. 1880.

[16] Zuschlags-Preisrechnung siehe a.a.O., in Gablers Wirtschafts-Lexikon.

[17] Siehe u. a. *Elbinger*, Theodor: Rationalisierung durch Standardkostenrechnung – Erweiterung ihrer Anwendung auf gemischte Fertigung (Stuttgart, 1954).

[18] Je nach den besonderen Verhältnissen der Produktion oder der Absatzmöglichkeiten.

2. Aufgabe und Wege der Kostensenkung

Die Dynamische Preissenkung geht auf die *Preissenkung* aus. Das bedeutet zugleich, daß sie auf die *Kostensenkung* ausgeht. Gewiß kann auch ein zeitweilig gefestigter Kostenstand, der dem jeweiligen allgemeinen Preisstande entspricht, weiter gesenkt werden. Es wurde schon darauf hingewiesen, daß sich diese Kostensenkung durch eine scharfe Kostenprüfung mittels der Kostenzeitrechnung durchführen läßt. Die Ursachen der relativen Kostenhöhe müssen herausgefunden und eingehend untersucht werden. Die Kostenzeitrechnung bietet zwar nur den Anfall und die Verteilung der einzelnen Wertbeträge auf die Kostenstellen und -träger. Sie macht aber Schlußfolgerungen auf die Ursachen der Kostenhöhe möglich. Zum Beispiel kann ein hoher Anfall an Ausschußarbeit vom Material, von den Werkzeugen, von den Maschinen, von Zeichnungsfehlern, von Organisationsmängeln, von ungenügenden Arbeitsstudien und verschiedenen anderen abzustellenden Ursachen verschuldet sein. Auch die Abstellung zahlreicher kleinerer betrieblicher Mängel kann zu beachtlichen Kostensenkungen führen.

Ebenso lassen sich mittels der Dynamischen Preisrechnung offenkundige Gewinnüberspannungen jederzeit zur Preissenkung verwenden, solange der Umsatz noch nicht mit der Folge einer Kostenerhöhung zurückgegangen ist. Der bequemere, sichere, verlustlose, von Anfang an zur allmählichen Gewinnerhöhung führende Weg besteht aber in der frischen Nutzung einer soeben erzielten Kostensenkung. Darin liegt überhaupt das Geheimnis der Dynamischen Preisrechnung.

Sobald Kostensenkungen einmal auf Gewinnkonto verbraucht, also letzthin in der Regel in Über- und Fehlinvestitionen und nutzlosen Kapitalbewegungen versickert sind, stehen sie nicht mehr im vollen Umfange und ohne weiteres für Preissenkungen zur Verfügung. Die Kosten leben, sie verändern sich ständig. Von sich aus, ohne die ständige Gegenwirkung der Betriebsleitung neigen die Kosten stets zur Erhöhung. Auch vom Markte her, vom Umsatzrückgang aus werden die Kosten – nach jeder ihrer Senkungen – bald unfehlbar wieder in die Höhe getrieben. Das Saatgut der wirtschaftlichen Blüte ist infolge der verpaßten Gelegenheiten der sofortigen Nutzung der Kostensenkungen verzehrt. Es muß dann unter Umständen künstlich, d. h. auf Verlustkonto, durch eine zeitweise erhebliche Gewinnschmälerung oder ratenweise neu gesammelt werden. Auch überschüssige flüssige Mittel und billige Kredite können dabei mitwirken.

In der Dynamischen Preisrechnung werden also normalerweise die Ergebnisse jeder Kostensenkung *sofort* nach dem Vorliegen des errechneten aktuellen Kostenstandes verwertet. In diesem Vorgehen liegt ihre einzige Kraftquelle, allerdings eine Kraftquelle von ungewöhnlichem Ausmaß. Die Dynamische Preisrechnung muß also auf die jederzeitige schnelle Nutzung dieser Kraftquelle gerichtet sein. Darüber hinaus ist deren ständige weitere Erschließung zu sichern. Dazu muß die gesamte technische Arbeit unserer Fabriken in den Dienst und unter die unerbittliche Kontrolle der Dynamischen Preisrechnung sowie der für diese unerläßlichen fortgeschrittenen Kostenzeitrechnung gestellt werden. Erst dann ist die unentbehrliche, feste und breite Brücke zwischen der dynamischen industriellen Betriebstechnik und der neuzeitlichen Betriebswirtschaft im betrieblichen Arbeitsablauf geschlagen.

3. Vermeidung der Abwege der Kostensenkung, die zur Kostenerhöhung führen

Neben dem Ausbau der Arbeitstechnik[19] ist die betriebswirtschaftliche Rationalisierung[20] besonders im Fertigungsbereich das wichtigste Mittel der Kostensenkung im Fabrikbetrieb. Die *Rationalisierungskosten* sollen sich möglichst, soweit sie nicht aus einer völligen fabrikatorischen Betriebsumstellung und Neueinrichtung stammen, schon in der Periode ihres Aufwands[21] in einer Senkung der Fertigungskosten und damit der Herstellkosten und Selbstkosten[22] äußern. Damit das geschehen kann, ist es notwendig, laufend auch die Gemeinkostenarten nicht ungewollt durch neue Kostenursachen zu erhöhen. Langfristig ist das Vorgehen nach dieser Regel ein eisernes Gebot. Anderenfalls sind weitgehende Rationalisierungs-Maßnahmen nicht nur überflüssig, sondern sogar schädlich. Es nützt keinem Betrieb, wenn sich Senkungen von Fertigungskosten und anderen Einzelkosten in erheblichem Umfange oder gar völlig in versteckte Gemeinkosten verwandeln.

Der Hinweis auf diesen Vorgang ist keineswegs überflüssig. Seine Abarten äußern sich in jedem Betriebe. Sie lassen sich nur durch gründliche Untersuchungen klarstellen. Diese werden meist erstaunliche Zusammenhänge ans Licht bringen! Es muß also durch planmäßige rechtzeitige Untersuchungen vermieden werden, irgendwelche beabsichtigten Kostensenkungen durch gleichzeitig eintretende oder nachfolgende Kostenerhöhungen anderer Art aufzuheben, zu vermindern oder gar zu überflügeln. Solche Kostenerhöhungen können sich besonders aus den Kostensenkungs-Maßnahmen selbst ergeben.

Der Fall der innerbetrieblich, organisatorisch verursachten Kostenerhöhung kann z. B. durch eine improvisierte Kette schnell aufeinander folgender, produktionstechnisch nicht voll aufeinander abgestimmter, in ihren Eigenkosten zu hoher Rationalisierungs-Maßnahmen eintreten. Auch die

---

19 Taylorsystem usw.
20 Produktionstechnik, Maschineneinsatz pp.
21 Je nach ihrem Umfang im Quartal, Halbjahr usw.
22 Siehe u. a. Lexikon des kaufmänn. Rechnungswesens, 2. Bd., unter Bezugskalkulation, Sp. 1590 – 1709.

öfters vollzogenen mehrfachen Änderungen der ursprünglich ungenügend geplanten und in ihrer Wirtschaftlichkeit nicht einheitlich berechneten Rationalisierungs-Vorgänge können diese unerwünschte Folge haben. Es ist in größeren Industriebetrieben, besonders in Aufschwungzeiten häufiger vorgekommen, daß die Rationalisierungskosten einschließlich der Abschreibungen zahlreicher Ergänzungs-Betriebsmittel oder ersatzweise investierter Betriebseinrichtungen schließlich – unerwartet – höher ausfielen als die durch sie erzielte Senkung der Fertigungskosten. In solchen Fällen wurde die periodenweise Kostenplanung falsch und lückenhaft aufgebaut. Für jeden Rationalisierungsplan ist also unter dem Gesichtspunkt der komplexen Veränderung der Kosten eine gründliche Wirtschaftlichkeits-Berechnung[23] erforderlich. Das Verfahren der systematischen Rationalisierung wird in vielen größeren und Groß-Betrieben seit Jahrzehnten in periodischen Wiederholungen zur Kostensenkung angewandt. Es muß jedoch laufend einer speziellen Wirtschaftlichkeits-Prüfung unterworfen werden.

Auch eine Überspannung von *Entwicklungskosten* kann alle Verfahren der Kostensenkung, die in Rationalisierungs-Maßnahmen bestehen, zum Scheitern bringen. Der irrationale Glaube an den umsatzsteigernden Wert auch einseitiger warentechnischer Übertreibungen und Spitzfindigkeiten ist in den industriell produzierenden Wirtschaftsbetrieben weit verbreitet. Dieser Glaube, ein Zwillingsbruder des echten technischen Fortschrittsglaubens treibt die betriebliche Forschungsarbeit in die Sackgasse von Versuchen, die sich häufig nicht einmal technisch, vor allem aber wirtschaftlich nicht rechtfertigen. Die Rechtfertigung liegt nur vor, wenn die Ergebnisse derartiger Versuche überhaupt nach dem vernünftigen Ermessen einer großen Verbraucherzahl zu Umsatzerfolgen führen können, welche die aufgewendete Entwicklung voll einbringen. Hier sollte im voraus eine spezifizierte qualitative Bedarfsforschung[24] einsetzen. Zielblinde warentechnische Entwicklungsversuche sind nicht die richtige Art des Unternehmerwagnisses.

Entwicklungskosten gehören ebenso wie Rationalisierungskosten und wie die normalen Fertigungs-Einzelkosten zu den unabhängigen variablen Kosten. Bei einer beharrlich andauernden Umsatzerhöhung ist ihr Aufwand weniger dringend als der Aufwand von Rationalisierungskosten. Mit den Rationalisierungs-Maßnahmen können außerdem die durch Warenentwicklungen leicht anschwellenden Fertigungs-Gemeinkosten ausgeglichen werden. Der Aufwand von Entwicklungskosten ist eher bei einem schon einsetzenden oder drohenden Umsatzrückgang angebracht. Technische Fortschritte in der Warenentwicklung führen aber nur zu Umsatzvermehrun-

---

[23] Nach dem überlieferten betriebswirtschaftlichen Verfahren der Erfolgsrechnung!

[24] Im Unterschied zur bloßen Nachfrageforschung.

gen, falls sie außergewöhnlich und überzeugend sind[25] und werbungsweise genügend empfohlen werden.

Am zweckmäßigsten stützt ein Betrieb seine technische Entwicklung für Industrie-Ausstattungs- und -Versorgungsartikel und ebenso für Konsumartikel auf *einwandfreie Qualitätsverbesserungen.* Er soll also z. B. nach der Erhöhung der Sicherheit, der Bequemlichkeit, der Haltbarkeit, der Einfachheit der Ware trachten oder auf die durch sie im Gebrauch herbeizuführende Kostensenkung – etwa durch Zeitersparnisse – ausgehen. Auf die Erhöhung der Schnelligkeit kommt es jedoch für die Mehrzahl der Käufer bei einschlägigen Waren, z. B. bei Verkehrsmitteln, erst in zweiter Linie an. Sie darf nicht zu Einschränkungen der Grundansprüche führen, die alle Käufer im Grunde stellen, also besonders nicht zu Lasten der Sicherheit gehen. Gegen diese Forderung wird in weitem Umfang gesündigt. Versuche, den eigenen Wettbewerb gar durch zweifelhafte Warenwerte mit Pseudoqualitäten zu stärken, scheitern am Ende immer. Sie rauben den anbietenden Betrieben das Vertrauen der Käufer und damit die Möglichkeit der laufenden Umsatzvermehrung.

Die kostensenkenden Erfolge von Rationalisierungs-Maßnahmen werden in vielen Industriebetrieben und sogar in ganzen Industriezweigen[26] auch durch eine Inflation von Warenmustern aufgehoben. Die Urheber der übermäßigen, in einzelnen Betrieben geradezu maßlosen Musterangebote meinen, auf diese Weise ihre Wettbewerbsfähigkeit zu erhöhen. Die Wettbewerber verfahren jedoch ebenso. Die Überfülle von Sortimenten erhöht die Kosten – oft beträchtlich – und verwandelt gediegene Massenartikel in eine Art von Luxusgegenständen bisweilen sehr geringer Qualität. Obgleich die Musterfülle dazu dienen soll, die Umsätze zu erhöhen, senkt sie diese, denn die mit der Musterinflation unvermeidbar verbundenen zahlreichen Erhöhungen von Gemeinkosten wie auch der Einzelkosten führen zu Preiserhöhungen[27]. Zum mindesten verhindern sie die umsatzvermehrenden Preissenkungen und die Dynamische Preisrechnung.

Einige hundert oder tausend Muster von Stoffen, Tapeten, Möbelstücken usw. erfüllen in der Volkswirtschaft die Aufgabe der Anpassung an die Verschiedenheit der Geschmacksbedürfnisse der Konsumenten oder an unterschiedliche technische Anforderungen der Verbrauchsbetriebe ebenso wie einige Zehntausend und mehr. Auch im Angebot von Investitionsgütern zeigt sich die Neigung, allzuviele Modelle und Artikelabwandlungen auf den Markt zu bringen oder bewährte Modelle durch häufige Ergänzungen und Umkonstruktionen zu verändern. Das gilt z. B. für verschie-

---

[25] Oder sich so darstellen lassen, wobei aber die Werbung sich in den Gefahrenbereich des unlauteren Wettbewerbs begibt.

[26] z. B. bei der Herstellung von Haushalts-Gebrauchsartikeln, Beschlägen, Textilstoffen.

[27] In den Angebots- und Marktpreisen.

dene Zweige der Maschinenindustrie, die sich teilweise mit den Herstellungen eigentlicher Massenartikel befassen, besonders im Werkzeugmaschinenbau[28].

Konstruktionsbüros, Bemusterungs- und Programmbüros müssen ihre „Vollbeschäftigung" nachweisen! Einige wenige hervorragende Modelle von Spezialmaschinentypen oder Universalmaschinen dienen den Bedürfnissen der Verbraucher mehr, wenn sie zu mäßigen Preisen auf den Markt gelangen. Dazu kann die Gemeinkosten senkende Muster- und Modellbeschränkung wesentlich beitragen.

Soweit Investitionsgüter zugleich oder ausschließlich für konsumtive Gebrauchszwecke verwendet werden, wie u. a. Personenkraftwagen, ist jede Modellinflation und häufige Modellveränderung besonders verfehlt, zumal wenn es sich – wie meist – nur um mutmaßliche Verbesserungen handelt, die ohne eine Bedarfs- und Meinungsforschung zustandekommen. Jede Modellinflation stellt einen groben Verstoß gegen den Massenbedarfscharakter vieler technischer Artikel dar, bei denen es vor allem auf die Preissenkung ankommt. Sie erschwert auch die Anwendung der Dynamischen Preisrechnung.

Die Beschränkung der *Muster- und Modellzahl* bildet nicht weniger als alle Standardisierungs-, Typisierungs- und Normungsmaßnahmen eine dankbare fruchtbringende Aufgabe. Ihre Durchführung dürfte sich, weil sie in autonomer Weise den Betrieben kaum möglich ist, vor allem für viele Kartelle eignen. In manchen Industriezweigen ließen sich klassifizierte Muster und Modelle wohl von den Verbänden auf ihre Mitgliedsfirmen aufteilen, um diesen den Übergang zu einer rationalen Massenproduktion und zur Dynamischen Preisrechnung zu sichern. Das gilt z. B. für den größten Teil der textilen Halbstoffindustrie und für die Möbelindustrie. Ein derartiges Verfahren würde den freien Wettbewerb in der tatsächlichen Leistung nicht im geringsten beeinträchtigen, zumal da es sich keineswegs auf urheberrechtlich schützbare, echte erfinderische Fortschritte erstrecken würde.

Umsatzerhöhungen erfolgen aber in größerem Ausmaße durch Preissenkungen als Folge von Kostensenkungen, also im Zuge von Rationalisierungs-Maßnahmen. Diese entsprechen der arbeitsteiligen, technisierten und gegebenenfalls automatisierten industriellen Produktionsweise. Besser als durch die technische Warenentwicklung stützt man den Wettbewerb also auf die ständige Kostensenkung und die Dynamische Preisrechnung. Diese dürfen vergleichsweise auch bei einer Entwicklung neuer Warenmuster oder -modelle nicht außer Acht gelassen werden.

---

[28] Im Elektromotorenbau, Landmaschinenbau und Haushaltsmaschinenbau werden dagegen in der Mehrzahl echte Massenartikel erzeugt.

Sogar bei völlig neu entwickelten Artikeln: Ersatzartikeln, grundsätzlich neuen Modellen und Mustern sowie Waren mit neuen Zwecken[29] läßt sich die Dynamische Preisrechnung mit angemessenen, allmählich gesenkten Gewinnsätzen zur ständigen Umsatzvermehrung anwenden. Teilweise hat die Industrie in dieser Weise verfahren. Unter Heranziehung des Vergleichs mit den Marktpreisen ähnlicher Artikel und Muster bei eingeführten Warengattungen kann man die Dynamische Preisrechnung weit wirksamer benutzen, wenn keine Kostenerhöhungen bei neuen Modellen, Mustern und Ersatzartikeln sie stören.

Dazu ist es notwendig, daß man die gesamten Beziehungen von Kostensenkungen und Kostenerhöhungen auch bei neuen Artikeln genau untersucht. Entwicklungskosten werden zunächst meist auf die alten Artikel verrechnet, die dadurch leicht zu Verlustartikeln werden. Nur *erhöhte Abschreibungen* wirken sich bei den neuen Artikeln aus, wenn diese oder soweit diese in besonderen Kostenstellen hergestellt werden. Die schnelle Amortisation zusätzlicher Kapitalaufwendungen ist betriebswirtschaftlich selten erforderlich. Der überspannte Versuch, sie durchzusetzen und so das finanzielle Polster an stillen Reserven zu vermehren, verlangsamt die Umsatzerhöhung und damit die Möglichkeit einer späteren bequemen Kapitalamortisation sogar. Eine erfolgreiche progressive Kapitalakkumulation aus dem Reingewinn stützt sich auf die rechnerisch ermittelte Umsatzerhöhung. Die umsatzweise fundierte dauerhafte Kapitalakkumulation muß das Ziel der Gewinnbildung und Kostengestaltung sein.

Im allgemeinen ziehen die Betriebe allerdings die Ansetzung höherer Abschreibungen vor, um ihre stillen Reserven zu vermehren. Sie schaffen sich einen gegen Krisengefahren oder – wie man in ihnen sagt – gegen „schlechte Zeiten“ sichernden unterbewerteten, tatsächlich höheren Vermögensstand. Auch sparen sie auf solche Weise an Steuerzahlungen. Durch dieses Verfahren trüben sie aber die Wahrheit ihrer Kostenrechnung. Auch überspannte Abschreibungen führen über die Kostenerhöhung zur Preisüberhöhung und damit zur Umsatzdrosselung, zum mindesten in der Form der Hinderung von Umsatzerhöhungen. Der Wettbewerb auf dem Markte stört das verschärfte Abschreibungsverfahren nicht, weil es in allen Betrieben gewohnheitsmäßig angewandt wird, ganz abgesehen davon, daß der Wettbewerb vielfachen Beschränkungen unterliegt.

Gerade im Abschreibungsverfahren ist eine strenge Mäßigung notwendig. Abschreibungen sollen normalerweise die Deckung des Veraltens und einer – sehr langsam eintretenden – Abnutzung der Güter des Anlagevermögens nicht überschreiten. Der Abschreibungsplan läßt sich auch bei großen

[29] Als solche Waren traten z. B. seinerzeit die Rundfunkgeräte, Tonbandgeräte, Fernsehgeräte auf.

Neuinvestitionen so gestalten, daß er nicht zu Kostenerhöhungen führt, welche die Kostensenkungen per saldo wesentlich vermindern.

Während Abschreibungen, vor allem erhöhte, zusätzliche sich teilweise aus Selbstinvestitionen[30], also aus der Gewinnverwendung ergeben, können *kalkulatorische Wagnissätze*, wenigstens grundsätzlich, den Bilanzgewinn erhöhen. Bei ihnen handelt es sich in einem weit größeren Umfange als bei den Abschreibungen um eine unabhängige Kostenart. Die Ansetzung kalkulatorischer Wagnisse ist oft nicht mehr als das Element einer kostenrechnerischen Vogel-Strauß-Politik. Kalkulatorische Wagnisse sind in ihrer meist angewandten Form der abstrakten Fiktion in Wahrheit versteckte Gewinnerhöhungen. Als fingierte Werte können sie nicht zur Bildung stiller Reserven beitragen. Als versteckte Gewinnerhöhungen gelangen sie aber außerdem meist nicht zum Zuge. Sie wirken vielmehr als Bequemlichkeitsprämien für alle an der Herstellung oder an dem Vertrieb der kalkulierten Ware beteiligten Kostenstellen. Wagnis-Gewinne und -Verluste gehören als Ergebnisse kennzeichnender, ureigener Unternehmerleistung zur unternehmerischen Gewinnrechnung. Fettel hebt das treffend hervor[31]. Als nur fingierte Werte sind unmittelbar kalkulierte Wagnisse auch ein Element des staatlich regulierten Selbstkostenpreises.

Das kalkulierte, also kostenrechnerisch eingerechnete Wagnis kann allerdings auch als Mittel der Selbstversicherung verwendet werden. In diesem Falle muß es zur Bildung eines offen ausgewiesenen Fonds benutzt werden. Ein derartiger Fonds kann zum zeitlichen Ausgleich von Kostenschwankungen, d. h. zur innerbetrieblichen Preisfestigung dienen. Er kann sogar zu Senkungen des Angebotspreises entsprechend der Marktlage verwendet werden. Er kann auch zur leichteren Abstoßung ungängiger Waren durch Sonder-Preissenkungen verhelfen, d. h. bei gemischter Fertigung[32] mittels des innerbetrieblichen Preisausgleichs zwischen verschiedenen Kostenträgern. Als Selbstversicherungsprämie mittelbar einkalkuliert könnte das kalkulatorische Wagnis sich eher rechtfertigen. Überspannungen, grobe Schätzungen der kalkulatorischen Wagnissätze anstelle versicherungstechnischer Ermittlungen sind aber ebenso verfehlt wie die entsprechenden Maßnahmen bei den Abschreibungssätzen.

Wagnisverluste werden vielfach auch nach ihrem Eintritt durch den innerbetrieblichen Preisausgleich, also „preispolitisch" verrechnet. Dieser ist noch gefährlicher als die kalkulierte Form des Kostenausgleichs, als das kalkulatorische Wagnis. Alle Kostenträger-Verluste müssen zur Rentabilitätsüberwachung der Kostenträger offen erscheinen. Dazu dürfen sie also weder einkalkuliert, noch „preispolitisch" ausgeglichen werden. Er-

---

[30] Selbstfinanzierungen.

[31] Siehe *Fettel*, Johannes: Marktpreis und Kostenpreis (Schriften zur wirtschaftswissenschaftlichen Forschung, Meisenheim am Glan, 1954), S. 94, 95.

[32] Und Zuschlagskalkulation.

forderlichenfalls müssen sie zur Sicherung des optimalen Beschäftigungsgrades hingenommen werden, oder durch Kostensenkungen bei dem betroffenen Artikel oder durch seine selektive Ausschaltung aus dem Absatzprogramm beseitigt werden.

Alle innerbetrieblichen Kosten- oder Preisausgleiche zwischen den verschiedenen Kostenträgern der gemischten Fertigung entsprechen nicht den Anforderungen und dem Zweck einer sorgfältigen, scharfen Kostenrechnung. Die Unerläßlichkeit einer solchen wird zwar allgemein anerkannt und befürwortet. Tatsächlich wird sie in vielen Betrieben aber nicht ausreichend angewandt. Gerade ihre volle, uneingeschränkte Anwendung ist aber als Voraussetzung der Dynamischen Preisrechnung notwendig.

Auf dem Gebiet der Vertriebskosten ist dieselbe Sachlage bei den *Werbekosten* gegeben. Allerdings wendet man bei ihnen in verschiedenen Großbetrieben schon eine Sonder-Erfolgsrechnung an. Schließlich schießen auch die unter der Allgemeinen Betriebsverwaltung verrechneten Organisationskosten leicht ins Kraut, sobald nicht der Maßstab der besonderen und erwiesenen Zweckerfüllung sowie der Grundsatz der Einfachheit alle Organisationsmaßnahmen bestimmen. Die relative Senkung der Werbe- und Organisationskosten gehört also ebenfalls zu den beachtenswerten Mitteln der gesamten primären Kostensenkung.

In allen Wirtschaftsabteilungen und -zweigen der Volkswirtschaft, besonders in allen Industriezweigen lassen leichtfertige Rationalisierungs- und Entwicklungsversuche Kostensenkungen und Umsatzerhöhungen erst gar nicht zur Auswirkung gelangen. Oder sie schmälern ihren vollen Erfolg. Überspannte, kettenartig aneinandergereihte, auf dieselbe Ware bezogene Rationalisierungen und Entwicklungen, sowie häufige Veränderungen an diesen zehren größere und einzelne Kostensenkungen im Fertigungs- und Vertriebsbereich auf. Sie können diese sogar überholen und zu umsatzhemmenden Kostenerhöhungen führen. Sie verfehlen damit ihren einzigen Zweck.

Preiserhöhungen und Gewinnschmälerungen, gegebenenfalls sogar Verluste sind die unvermeidbaren Folgen einer überhasteten Rationalisierung und Warenentwicklung. Besonders in der Urproduktion – und von ihr ausgehend – treiben solche Verfahren der kostenerhöhenden Gewinnsatzausdehnung die Preise in die Höhe. Alle allzukühnen, sprunghaften und weitfliegenden technischen Maßnahmen, die innerbetriebliche und neubetriebliche Investitionswellen auslösen, tragen entscheidend zur Preissteigerung und Umsatzverminderung in einem Betriebe bei und pflanzen sich in der Volkswirtschaft fort. Jene Preissteigerung entsteht zwangsläufig aus den fehlerhaften Maßnahmen. Sie schmälert auch bei Gewinnsatz-Erhöhungen den Bilanzgewinn. Sie ist wirtschaftsfeindlich, wenn man sie auch von der einfältigen, ebenso schädlichen Preistreiberei einzelner gewinnsüchtiger Wirtschaftsbetriebe und krämerhafter Wirtschaftskreise grundsätzlich unterscheiden muß.

Letzthin dienen sämtliche wirtschaftsrechnerischen und organisatorischen Maßnahmen des Betriebes zur Kontrolle der betriebstechnischen Vorgänge. Das gilt wenigstens für den Gesamtbereich des Kostenanfalls. Im ganzen ist also eine betriebswirtschaftlich gezügelte Planung der Fabrikation, Warenentwicklung, Rationalisierung und Investition unentbehrlich. Gerade ein schärferer Wettbewerb macht diese wegen seiner langfristigen Wirkung notwendig. Diese technische Betriebsplanung in Wertzahlen muß weitgehend vorbereitet werden, um nicht nur ihren technischen, sondern auch ihren wirtschaftlichen Erfolg zu sichern. Sie bedarf dazu genauer Voranschläge über die Kostenträger-Einzelkosten und über die schon erwähnten Mehrkosten von Rationalisierungs- und Entwicklungsmaßnahmen – nebst den durch diese erzielbaren Mehrleistungen.

In allen Verfahren der Kostengestaltung ist also, gerade soweit diese der unmittelbaren Einflußnahme der Betriebsleitung unterliegt, ein *strenges Maßhalten* und berechnetes Vorgehen angebracht. Jede kostenrechnerische Maßlosigkeit in den fabrikatorischen, vertrieblichen und nur-kalkulatorischen Dispositionen trägt über Preiserhöhungen und Umsatzbeschränkungen dazu bei, die gefürchtete, irgendwann einmal drohende Wirtschaftsdepression herbeizuführen. Bei einem maßvollen, kostenrechnerisch richtigen Vorgehen lassen sich auch die sogenannten Kostensprünge[33] vermeiden, die – fast immer als Kostenerhöhungen und als eine Erscheinung der gekennzeichneten Art – zwangsläufig zu Preiserhöhungen und Gewinnschmälerungen führen. Weder die Ansetzung übermäßiger Entwicklungs- und Rationalisierungskosten noch die Verwendung übertriebener Abschreibungssätze usw. darf die maßvolle Kostengestaltung gefährden[34].

Der Gefahr der Kostenerhöhung entspricht die Aussicht auf die Kostensenkung. Sie hebt den dynamischen Charakter einer Warenerzeugung besonders hervor. Eine Kostenverschwendung läßt sich allerdings bei der Erzeugung und beim Vertrieb jeder Ware treiben, auch bei einer solchen, bei der eine Umsatzerhöhung – sogar eine mit Kostensenkung – sich nicht leicht erreichen läßt. Trotzdem ist die Kostenersparnis in jedem Falle möglich. Auch bei Gütern der Kleinserienfertigung und Artikeln der Einzelfertigung kann man die primäre Kostenerhöhung vermeiden.

---

[33] Siehe u. a. Lexikon des kaufmännischen Rechnungswesens, 3. Bd. Kostentheorie, Sp. 1719, 1720.

[34] An die verantwortlichen Stellen der schwierigen, mannigfaltigen und universalen Kostenrechnung soll der Unternehmer keine theoretisch ungenügend ausgebildeten Kostenrechnungsfachleute stellen. Praktische Einzelerfahrungen lassen sich leichter gewinnen als grundsätzliche, überlieferte Erkenntnisse.

4. Kostenüberwachende und preisrechnerische Kostenrechnung

Grundsätzlich gehen die angefallenen oder die geplanten Zahlenwerte aller Kostenarten als Kostenbestandteile in die Kostenstellen-Zeitrechnung, von dieser in die Kostenträger-Stückrechnung und damit in die Preisrechnung über. Die Bestandteile ihrer Verrechnung sind bei den einzelnen Verfahren der Plankostenrechnung jedoch verschieden. Das gilt u. a. für die Standardkostenrechnung, die sich als ein kontinuierliches Vorkalkulations-Verfahren wesentlich von denjenigen Verfahren der Stückkostenrechnung unterscheidet, die sich auf die Kostenzahlen der betriebsbuchhalterischen Nachrechnung oder Nachkalkulation[35] aufbauen. Ein zu weit getriebenes Übergehen der Ist-Kostenrechnung läßt sich jedoch auch für die Einzelkosten nicht vertreten. Mindestens müssen Nachkalkulationswerte für die preisrechnerische Kostenrechnung mit herangezogen werden. Tatsächlich verfährt man in den meisten Fertigungsbetrieben auch so.

Die Kostenträger-Stück- und Mengenrechnung oder preisrechnerische Kostenrechnung[36] bildet zwar die Endstufe und das eigentliche Ziel der gesamten Kostenrechnung. Sie steht aber in einem funktionellen Gegensatz zu ihrer vorbereitenden Stufe, der Kostenstellenrechnung sowie auch zu der Nebenstufe, der Kostenträger-Zeitrechnung, die einen zweiten grundlegenden Zweck erfüllen: die Kostenüberwachung. Die überwachende Kostenrechnung soll mit Hilfe ihrer verfeinerten Verfahren zu einwandfreien Kontrollzahlen führen, die meist in einem Betriebsabrechnungsbogen ihren Niederschlag finden. Dieser ist in der Regel ein Kostenstellenbogen, neben dem bei einer vollständig ausgebauten Kostenträger-Zeitrechnung auch ein Kostenträgerbogen besteht[37]. Bei einer Zuschlagsrechnung enthält dieser die Gemeinkosten nur in Form von Zuschlagswerten. Er eignet sich dann nur als ergänzendes Kontrollmittel.

Beiläufig muß vermerkt werden, daß die Kostenrechnungszuschläge eigentlich in absoluten Zahlen aus einer vollständigen, die Gemeinkosten enthaltenden Kostenträger-Zeitrechnung in der Form eines *Kostenträger-BAB* entwickelt werden müßten. Die Kostenstellen-Zeitrechnung würde dann nur noch zur Betriebskontrolle dienen, d. h. zur Kontrolle von Fehlleistungen der Kostenstellen. Zur Kontrolle von Fehlwirkungen der Entscheidungen der Betriebsleitung, z. B. über Rationalisierungs-Maßnahmen ist dagegen die Kostenträger-Zeitrechnung – wenn sie auch die Gemeinkosten ausweist – weit geeigneter. Allerdings ist die vollständige Kostenträger-Zeitrechnung, wenn für sie alle innerbetrieblichen Fertigungsaufträge und alle Gemeinkostenaufträge vollständig erfaßt werden, in

[35] Vollständige Nachkalkulation oder selektive Nachkalkulation der Fertigungs-Einzelkosten nach Betriebsaufträgen.

[36] Fertigkalkulation als Zusammenfassung von Vorkalkulation (Plankalkulation) und Nachkalkulation (Ist-Nachrechnung).

[37] Erforderlichenfalls mit Kostenträgergruppen.

Mittel- und Kleinbetrieben meist kostspielig. Auch wenn sie in Betrieben mit einem sehr umfangreichen Artikelprogramm bloß als Kostenträgergruppen-Zeitrechnung durchgeführt wird, verursacht sie einen erheblichen Arbeitsaufwand, der sich nur mit Spezial-Rechenmaschinen bewältigen läßt. In Großbetrieben fallen die Kosten für diesen zusätzlichen Arbeitsaufwand weniger ins Gewicht. Erst eine vollständige Kostenträger-Zeitrechnung kann aber den betrieblichen Lenkungszweck: die allgemeine vorausschauende Kosten-Koordinierung völlig erfüllen.

Die Betriebsabrechnungsbogen ermöglichen es, Zeitvergleiche[38] herausgezogener Kontrollzahlen anzustellen, die für die technische Betriebsleitung zweckmäßig auch graphisch dargestellt werden. Die Kontrollzahlen der Betriebsabrechnungsbogen dienen dazu, das Anschwellen einzelner Kostenbestandteile, besonders der Gemeinkostenarten festzustellen, ihr Verhältnis zu den ausgebrachten Leistungen zu ermitteln und den Ursachen jeder einzelnen relativen Kostererhöhung nachzugehen. Sie eignen sich also dazu, vermeidbare – auch lapidare, aber gehäufte – Kostenerhöhungen abzustellen. Sie lassen sich für die systematische Kostensenkung nutzbar machen.

In der gesamten Kostenstellenrechnung werden gewöhnlich – worauf schon hingewiesen wurde – nur die Fertigungs-Einzelkosten und alle Gemeinkosten der variablen und der fixen Kostengruppen einzeln ausgewiesen. Zum Beispiel wird unter den Fertigungs-Einzelkosten der wertmäßige Fertigungsmaterial-Verbrauch, gegebenenfalls auch mit Planzahlen nach Verbrauchsnormen, verfolgt. Ebenso wird laufend der tatsächliche und der vorgesehene Verbrauch von Fertigungsstunden und Fertigungslöhnen überprüft.

Alle derartigen kostenrechnerischen Kontrollmaßnahmen dienen auch zur vorbeugenden Verhinderung willkürlicher Kostenerhöhungen. Sie führen aber gewöhnlich nur in geringem Maße zu einer greifbaren Kostensenkung, die sich für die Preissenkung verwerten läßt. Die Kostensenkung muß sich deshalb besonders auf Kostenquellen von größerem Gewicht erstrecken. Als solche kommen neben und in Verbindung mit rückständigen Fertigungsverfahren, welche die Einzelkosten hochhalten, die einschlägigen variablen Gemeinkosten in Betracht.

Es muß dazu nochmals hervorgehoben werden, daß gerade diese einschlägigen unabhängigen variablen Kosten: die Rationalisierungskosten und die Entwicklungskosten, sofern sie nicht über besondere Kostenstellen laufen[39], in den einzelnen Kostenarten untergehen. Es ist allerdings schwierig, meist sogar unmöglich, die notwendigen Arbeiten völlig in Sonderkostenstellen durchführen zu lassen. Soweit dies nicht möglich ist, also vor allem in kleineren und mittleren Betrieben, empfiehlt es sich, die betref-

[38] Sowie Soll-Ist-Vergleiche.
[39] Oder Unterkostenstellen.

fenden Betriebsaufträge ein zweites Mal, gesondert betriebsabrechnerisch auszuwerten. Anderenfalls entziehen sie sich gerade für jene entscheidenden kostenrechnerischen Gruppen der genaueren betriebswirtschaftlichen Überwachung. Die *Sonderüberwachung und Spezifizierung der Entwicklungs- und Rationalisierungskosten*[40] ist das einzige Mittel zur Lösung dieser grundlegenden Aufgabe der Kostensenkung. Letzthin lassen sich diese beiden Kostengruppen dazu auch als „Gemeinkostenträger" mit nachträglicher Kostenumlegung führen!

Auch die Entwicklungskosten müssen also mit den geplanten und den schließlich durch sie erzielten Produktionsleistungen in Mengen und Sondererträgen[41] verglichen werden. Die Rationalisierungskosten bedürfen dringend des Vergleichs mit den durch sie zu senkenden Fertigungs-Einzelkosten der betroffenen Kostenträger. Die Periodizität spielt bei diesen Vergleichen die Hauptrolle. Abschließend müssen derartige Vergleiche in der Form von Sonder-Erfolgsrechnungen nach Kostenträgern durchgeführt werden. In diesen werden der geplante und der tatsächliche Mehrkostenaufwand sowie die geplante und die tatsächliche Kostenersparnis[42] der erzielbaren und erzielten Leistung[43] gegenübergestellt.

Praktisch bedeutet dieses Verfahren nicht unbedingt den Verzicht auf eine vollständige Gemeinkostenplanung. Es bedeutet jedoch die Bevorzugung von Sonderkostenplänen für die entscheidenden Gemeinkostenfaktoren und ihre Koordinierung. Für durchschnittliche, wenig veränderliche und abhängige Gemeinkostenposten haben Planungen einen geringen Wert, zumal da der Schwerpunkt jeder Kostenplanung bei den Einzelkosten liegt.

Die Kosten für Rationalisierungs-, Entwicklungs- und Werbemaßnahmen werden im Rahmen einer vollständigen Kostenträger-Zeitrechnung den zutreffenden, sie verursachenden Kostenträgern zugerechnet. Entwicklungskosten für völlig neue Artikel müssen also ebenfalls diesen als neuen Kostenträgern zugelastet werden. Es ist unter solcher Voraussetzung also notwendig, mit dem Beginn von grundlegenden Entwicklungsarbeiten auch neue Kostenträgerbereiche festzulegen.

5. Dynamische Kostenrechnung und Dynamische Preisrechnung

Die neuzeitliche industrielle Kostenrechnung hat durch die Entstehung der Plankostenrechnung, die zuerst in der Form einer planenden Kostenstellenrechnung auftrat, schon einen dynamischen Charakter erhalten. *Michel* führte sie in dieser Form vor einigen Jahrzehnten nach nordameri-

---

[40] Nach den einzelnen Kostenarten und Kostenträgern am zweckmäßigsten in Bilanzform: als bilanzmäßiger Vergleich der Istkosten ohne die geplante Maßnahme und der Sollkosten mit ihr (Entwicklungsbilanz, Rationalisierungsbilanz). Siehe auch *Gerbel*, B. M.: Die Rentabilität der Produktivitätssteigerung (Wien, 1952).

[41] Neuerträgen, Mehrerträgen, Differenzerträgen.

[42] Bei den Rationalisierungs-Maßnahmen.

[43] Ausbringung in Stück oder Mengen sowie überlieferten und dynamisch gesenkten Preisen.

kanischen Erfahrungen in Deutschland ein[44]. Die ältere Plankostenstellenrechnung wurde durch andere Formen der Plankostenrechnung, z. B. durch die Standardkostenrechnung ergänzt.

Jede Plankostenrechnung geht grundsätzlich auf die Kostensenkung mittels einer sorgfältigen Kostenüberwachung aus. Sie muß aber darüber hinaus die vorausschauende Kosten-Koordinierung erstreben. Schon durch die Anwendung der Schmalenbachschen Regeln für die Durchsetzung des optimalen Grades und der optimalen Art der Betriebsbeschäftigung wurde die neuzeitliche Kostenrechnung[45] zur Dynamischen Kostenrechnung. Im Grunde ist zur Anwendung der Schmalenbachschen Regeln, wenn diese nicht improvisiert, sondern systematisch erfolgen soll, eine sehr ausgebaute Plankostenrechnung erforderlich[46].

Durch den hier kurz erwähnten Aufbau einer Rationalisierungs-Kostenrechnung und einer Entwicklungskostenrechnung[47] verstärkt sich die dynamische, auf die Kosten- und Preissenkung und die Umsatzerhöhung ausgehende Zielsetzung der gesamten Kostenrechnung. Diese wird zur geeigneteren Grundlage der Dynamischen Preisrechnung. Obgleich Schmalenbach den Begriff der Dynamischen Kostenrechnung nicht gebrauchte, hat er mit dem Grundsatz der optimalen Kostengestaltung ihr Wesen erkannt und bestimmt.

Durch ihre Anwendung zur Kostengestaltung wird die kostenüberwachende Kostenrechnung für die Kostensenkung des Betriebes, d. h. in dynamischer Weise benutzt. Diese Kostensenkung pflanzt sich durch den Warenverkauf in andere Betriebe fort. Das ist der Sinn der Dynamischen Kostenrechnung als eines Hauptmittels der Dynamischen Preisrechnung.

---

[44] Siehe *Michel*, Eduard: Handbuch der Plankostenrechnung (2. Aufl., Wien – Leipzig, 1941).

[45] Im wesentlichen die industrielle.

[46] Siehe dazu: *Mellerowicz*, Konrad: a.a.O., Bd. II, 2: Kalkulation und Auswertung der Kostenrechnung und Betriebsabrechnung (2. und 3. völlig umgearbeitete Aufl., Berlin, 1958) S. 447 ff. Die Plankosten. – Ferner Die Plankostenrechnung als Instrument moderner Unternehmungsführung (hrsg. v. Erich *Kosiol*, Berlin, 1956).

[47] Sowie der Behandlung anderer unabhängig-variabler Kostenelemente.

V. Primäre und sekundäre Kostensenkung als Mittel der Dynamischen Preisrechnung und ihrer Preissenkung

1. Isolierte, primäre, einfache und multiple-sekundäre Kostensenkung

Jede Kostensenkung, die nicht in einer Preissenkung zur Auswirkung gelangt, bleibt isoliert. Kommt sie aber zur preismäßigen Auswirkung, so ruft sie bei vielen Gütern weitere Kostensenkungen hervor, indem sie als ein kostensenkender Faktor bei deren Erzeugung, Transport und Handelsumsatz, also vor allem in anderen Betrieben mitwirkt. Sie wird zur primären Kostensenkung, die eine weitere, fremdbetriebliche, sekundäre auslöst. Von diesen ist die einfache-sekundäre im Betriebe der primären Kostensenkung zu unterscheiden, die mit der Durchsetzung des optimalen Beschäftigungsgrades entsteht.

Da die fremdbetriebliche Art der sekundären Kostensenkung auf den verschiedenen Produktionsstufen eintritt, und durch den Wettbewerb auch in der Breite zahlreiche Produktions- und andere Wirtschaftsbetriebe ergreift, muß sie als multipel gelten. Als multiple wirkt die sekundäre Kostensenkung besonders stark, soweit sie von der Urproduktion ausgeht. Die primären Preissenkungen führen über die multiplen sekundären Kostensenkungen zu multiplen sekundären Preissenkungen. Sie schaffen die Voraussetzungen für diese.

Die statische Kostenrechnung verführt in Verbindung mit der Statischen Preisrechnung zur isolierten, nur in einer vorübergehenden Gewinnerhöhung wirksamen Kostensenkung. Die dynamische, vorausschauende Kostenrechnung erzwingt jedoch über die Dynamische Preisrechnung die transferierende Kette der multiplen Kostensenkung. Mit wenigen Ausnahmen tritt die primäre Kostensenkung durch Rationalisierungs-Maßnahmen ein. Zu jenen kostensenkenden Ausnahmen gehört etwa die Heranziehung besonders ergiebiger und leicht erschließbarer Lagerstätten in der Bergwirtschaft. Auch der Übergang zur verstärkten Nutzung spezifischer Agrarböden und Klimaanlagen für hochwertige Anbaufrüchte ruft auf dem Gebiete der Landwirtschaft eine derartige primäre Kostensenkung hervor. Die Verfahren der Arbeitstechnik gehören dagegen ebenso wie der Einsatz neuer Erfindungen zu den kostensenkenden Rationalisierungs-Maßnahmen. Naturgegebene, durch Naturbedingungen verursachte Kostensenkungen sind Ergänzungen[1] zu den durch Rationalisierungs-Maßnahmen ausgelösten oder Ersatzquellen für solche.

---

[1] Siehe Seite 72

Die sekundäre Kostensenkung verstärkt die Stöße der laufenden primären. Die sekundäre Kostensenkung vollzieht sich nicht nur über die gesunkenen Einkaufspreise der verbilligten Artikel. Sie vollzieht sich als einfache sekundäre außerdem in jedem kostensenkenden Wirtschaftsbetrieb unmittelbar über dessen Umsatzerhöhung, die in weitem Umfange z. B. durch die degressive Wirkung der fixen Kosten ebenfalls kostensenkend wirkt. Die multiple-sekundäre Kostensenkung tritt durch Rückwirkung auch in allen die primäre Kostensenkung durchführenden Wirtschaftsbetrieben ein.

Die Konzerne nutzen die multiple-sekundäre Kostensenkung intern, auch soweit sie in ihren Enderzeugnissen nicht oder nur unvollständig zur Dynamischen Preisrechnung übergehen. Die Kartelle treten dagegen jeder Beihilfe an sekundären Kostensenkungen gewöhnlich kurzerhand entgegen, indem sie die primäre Preissenkung ihrer leistungsfähigsten Mitgliedsbetriebe durch ihre preiserhöhenden Maßnahmen abdrosseln. Solange die Kartelle noch im geringsten in dieser Weise wirken, gehört den Außenseiter-Betrieben das Hauptfeld der Dynamischen Preisrechnung und der Sieg im wirtschaftlichen Wettbewerb.

Die verspätete, beiläufig schon erwähnte, passive, unter dem Zwange einer Depression auf dem Markte erfolgende Preissenkung ist von der ursprünglichen, aktiven, primären scharf zu unterscheiden. Sie ist auch mit der sekundären Preissenkung nicht identisch. Jede Verzögerung der aktiven Preissenkungen fördert Umsatzdrosselungen und Überinvestitionen. Die passiven Preissenkungen sind außerdem sehr relativ, wenn die allgemeine Erhöhung des Preisstandes durch sekundäre Kostenerhöhungen sie beschränkt.

2. Bedingungen der sekundären Kostensenkung

Die primäre und die sekundäre Kostensenkung kommen bei der Herstellung sehr vieler Güter und Leistungen vor. Die primäre Kostensenkung wird besonders durch maßvolle Rationalisierungen oder durch erfolgreich abgeschlossene Warenentwicklungen hervorgerufen. Eine sekundäre Kostensenkung kann nicht nur durch primäre Preissenkungen, also unmittelbar in anderen Betrieben auftreten. Sie kann auch mittelbar durch die Einwirkung auf das Produktionsverfahren mittels neu herausgebrachter Produktions-Hilfsmittel bei der Herstellung anderer Waren und Leistungen, also gewöhnlich in anderen Betrieben zustandekommen. Hier handelt es sich für den kostensenkenden Betrieb gewissermaßen um eine passive Rationalisierung. Auch in dem Ursprungsbetriebe eines neuen in-

---

[1] Als Ergänzungen führen sie zu „Differentialrenten", also zu zusätzlichen, dynamisch nicht nutzbaren Gewinnteilen. Über die Differentialrenten siehe *Diehl*, Karl: Die Grundbegriffe der Volkswirtschaftslehre (Jena, 1931), S. 157 ff., besonders S. 159, 160: Die Lehre von der Grundrente.

dustriebetrieblichen Ausstattungsartikels kann dieser kostensenkend weiterwirken, indem er als Kapazitäts-Bestandteil eingesetzt wird. Auch kann der betreffende Artikel einen höherwertigen, die Produktionskapazitäten besser beschäftigenden Ersatz für irgendeinen anderen Artikel in seinem Herstellungsbetriebe bilden.

Die Möglichkeiten der multiplen und der einfachen sekundären Kostensenkung sind also sehr vielseitig. Es kommt nur darauf an, daß sie auch ihrerseits nach Möglichkeit wieder in Preissenkungen zur Auswirkung gelangen. Auch Güter, die der primären Kostensenkung wenig zugänglich sind, weil sie keiner Massenherstellung unterliegen, werden von der Möglichkeit der multiplen-sekundären Kostensenkung und Preissenkung betroffen.

Die sekundäre Kostensenkung wird allerdings in ihren beiden Formen nur von der unverzüglich vollzogenen primären Preissenkung ausgelöst. Diese ursprüngliche, unverzüglich nach dem Vorliegen der Ergebnisse der ersten vollständigen und kurzfristig abzuwickelnden einschlägigen Kostenrechnung durchzuführende, primäre Preissenkung ist auch aus einem anderen Grunde erforderlich. Die Preissenkung wird durch Rationalisierungs-Maßnahmen notwendig und möglich, die in der ursprünglichen Produktionskapazität[2] Arbeitskräfte freisetzen. Diese können aber für die Erweiterung der Produktionskapazitäten, also die Schaffung neuer Kapazitäten in demselben Produktionszweige und in dem gleichen Betriebe nur bei einer starken Umsatzausdehnung eingesetzt werden. Eine solche Umsatzvermehrung kann zügig, anschließend an die Rationalisierung nur durch die gleichzeitige Stärkung der Kaufkräfte der Verbraucher der betreffenden, in ihren Fertigungs- und Herstellkosten entlasteten Ware stattfinden. Jeder Betrieb erhält sich gerne seine erfahrenen, eingearbeiteten Facharbeiter und sonstigen Arbeitskräfte. Das kann er aber bei größeren Rationalisierungs-Vorgängen nur durch die zügig zur Umsatzvermehrung beitragende Preissenkung der Dynamischen Preisrechnung erreichen.

Es wurde schon daran erinnert, daß die primäre Kostensenkung bei Urerzeugnissen, z. B. bei Erzeugnissen der Bergwirtschaft nicht nur durch weitere Rationalisierungen der Produktionsverfahren, sondern auch durch besonders günstige Naturbedingungen zustande kommen kann. Montanprodukte wie Erze, Salze und Erden, vor allem aber Kohlen werden in zufällig aufgefundenen oder in schon länger bekannten und endlich bewußt herangezogenen günstigeren Lagerstätten mit weit geringeren Kosten gefördert. Sowohl die Ausdehnung und Stärke der Lagerstätten wie ihre Teufe und räumliche Lage, ihr Feingehalt an den gesuchten Stoffen[3] und die Reinheit der Förderchargen spielen dabei eine beträchtliche Rolle.

---

[2] Auf die Mengenleistung der Produktionsanlagen, nicht auf deren absolute Erweiterung bezogen.

[3] z. B. der Ferrum- und Mangangehalt von Eisenerzen.

Gerade bei den Urprodukten ist die radikale Nutzung jeder derart in dem Gesamtbereich des betreffenden Urproduktionszweiges erzielbaren Kostensenkung zur Preissenkung für die Erzeugerbetriebe besonders durchschlagend. Die Umsatzvermehrung von Urprodukten ist zum mindesten langfristig bei Preissenkungen stets in hohem Maße möglich. Sie wirkt sich in der multiplen-sekundären Kostensenkung besonders nachhaltig und mannigfaltig aus. Eben dadurch läßt sie sich langfristig sichern. Sie kann die gesamte Volkswirtschaft durchdringen und dadurch zu einem allgemeinen Aufschwung führen, diesen verstärken und festigen.

In diesem Zusammenhange ist besonders zu beachten, daß auch die multiple-sekundäre Kostensenkung sich in einem Betriebe leichter anwenden läßt, falls die primäre Kostensenkung in ihm über die Dynamische Preisrechnung schon zur primären Preissenkung führte. Allerdings setzt dieser Ablauf voraus, daß die Ware der primären Preisrechnung nicht kartellgebunden ist. Oder daß sie sich in einem ausdehnbaren Teil ihrer Kapazitäts- und Potentialgrundlagen in der Hand von Kartell-Außenseitern befindet. Oder daß sich die Kartelle auf die preissenkende Dynamik einstellen, was bisweilen schon vorgekommen ist und z. B. wegen der erforderlichen Einheit der Preisgestaltung in der Urproduktion wohl am zweckmäßigsten sein dürfte.

Entsprechend kann sich der Prozeß der multiplen und einfachen sekundären Kostensenkung auch in der Investitionsgüterindustrie fortsetzen. Er findet dort seine Fortsetzung auch mittels der Nutzung verschiedener degressiver Kostenfaktoren wie etwa bei steigenden Umsätzen mittels der sinkenden Kosten der Lagerhaltung von Fertigwaren sowie in der Regel der fixen Kosten. Gütermäßig handelt es sich im Bereich der Investitionsgüterindustrie um die unzähligen, in ihrer Produktion verwendeten Fertigungs- und Hilfsstoffe sowie Halbfertigwaren, z. B. Kleineisenwaren, Armaturen, also um die teilweise kurzlebigen Güter der Versorgung der Wirtschaftsbetriebe, ferner um die meisten Investitionsgüter, welche diese Industrieabteilung selbst benötigt.

Sogar Konsumgüter können als Grundlage der multiplen-sekundären Kostensenkung und Preissenkung dienen, argrare z. B. im Gastwirtsgewerbe[4]. Die multiple-sekundäre Kostensenkung tritt nicht nur bei der Herstellung und beim Handelsumsatz von Massenartikeln oder bei Massenleistungen[5] auf. Sie wirkt sich auch bei Gütern aus, die der Dynamischen Preisrechnung auf der Grundlage der primären Kostensenkung weniger zugänglich sind. Maschinen, die in Klein- oder Großserien hergestellt werden, unterliegen ihr ebenso wie Zubehör- und Gebrauchsartikel, die in unzähligen kleineren Musterserien auf den Markt gelangen. Auch Spezialerzeugnisse

---

[4] Fremdenindustrie.

[5] u. a. in der Energiewirtschaft, bei Verkehrs- und Transportleistungen (und im allgemeinen bei Divisionskalkulation).

der Chemischen Industrie, an denen nur ein beschränkter Bedarf besteht, werden von ihr betroffen. Die sekundäre Kostensenkung geht die gesamte gemischte Fertigung aller Industriezweige an. Wenn sie zur sekundären Preissenkung verwertet wird, kann sie den Warenbedarf und die Warennachfrage der Gesamtwirtschaft in allen Industriezweigen wesentlich vermehren.

Allerdings dürfen auch die einfache und die multiple sekundäre Preissenkung nicht erst zu den Zeitpunkten der Umsatzstockung und des Umsatzrückgangs durchgeführt werden. Gerade in Perioden der dauernden Umsatzerhöhung müssen sie noch zum Zuge kommen, um diese zu erhalten. Wenn die sekundären Kostensenkungen ausreichend und überblickbar eingetreten sind, müssen die Preissenkungen ihnen ebenso folgen wie die primären Preissenkungen den primären Kostensenkungen.

3. Quellen der sekundären Kostenerhöhung

Die Abwege in den Verfahren der primären Kostensenkung, die zur Kostenerhöhung führen, wurden schon behandelt. Die primäre Kostenerhöhung ist über den Preis die Hauptquelle der sekundären Kostenerhöhung. Als solche wirkt sich ferner jede Gewinnsatzerhöhung der primären Preisrechnung aus.

Rationalisierungs-Maßnahmen gehen, weil sie meist zusätzliche technische Einrichtungsmittel erfordern, zum erheblichen Teile auf das Gewinnkonto, indem sie dieses belasten. Sie schmälern also als Ursachen der Selbstinvestierungen den abschöpfbaren Gewinnteil. Sie drängen deshalb leicht zur Erhöhung der preisrechnerischen Gewinnsätze. Gerade diesem Drange zu folgen, ist aber preisrechnerisch gefährlich, weil es der Erreichung des Rationalisierungszweckes entgegenwirkt. Die zusätzlichen Abschreibungen wirken ohnehin als relative Kostenerhöhungen und Belastungen der Preisrechnung. Die infolge einer Rationalisierung nach der Beendigung der Rechnungsperiode erforderliche Gewinnerhöhung muß vielmehr auf die schon erzielte Kostensenkung anteilig verrechnet werden. Bei einer maßvollen rationellen Gestaltung der Rationalisierungs-Maßnahmen kann die Schmälerung des für die Preissenkung verfügbaren Kostenanteils nicht erheblich ausfallen.

Die sekundäre Kostengestaltung hängt nicht nur von der primären Kostengestaltung ab, sondern von ihrer Nutzung zur primären Preisgestaltung. Primäre Kosten- und Gewinnsatzerhöhungen können zu primären Preiserhöhungen und damit – durch den Abwälzungsprozeß – in anderen Betrieben meist zu sekundären Kosten- und Preiserhöhungen führen. Bei größeren primären Kosten- und Gewinnsatzerhöhungen tritt diese Wirkung auch ein. Die volkswirtschaftliche Kette der Kosten – Preis – Kosten – Preiswirkung erfordert die Umstellung auf die umsatzhebende primäre Kostensenkung als Anfangsglied.

4. Eine andere Hauptquelle der multiplen-sekundären Kostenerhöhung oder Kostensenkung: die Besteuerung

Zu den wichtigsten Elementen des wirtschaftsbetrieblichen Kostenanfalls gehören die zahlreichen Arten der Steuern, die über die Verwaltungs-Gemeinkosten verrechnet werden. Die *Steuern* sind gewissermaßen der aus verschiedenen Komponenten zusammengesetzte *Generalpreis der öffentlichen Leistungen*. Dieser Generalpreis einer Fremdleistung stellt ebenso wie die Preise der im Betrieb zur Produktion oder zum Handelsumsatz benutzten Waren einen sekundären Kostenfaktor dar. Dieser belastet jede Stufe des volkswirtschaftlichen Umsatzprozesses mehr oder minder stark. Die meisten Steuern werden kostenrechnerisch von den Betrieben abgewälzt. Sie erhöhen die Kostengrundlage ihrer Preisrechnung und wirken über diese ganz allgemein als sekundäre Kostenerhöhung.

Mit jeder allgemeinen Umsatzerhöhung, also auch mit derjenigen, welche die Dynamische Preisrechnung in allen Wirtschaftsbetrieben, die sie einführen, nach sich zieht, steigen auch die Erträge, die sich aus den Zahlungen dieses Generalpreises zusammensetzen. Es steigen die Steuererträge. Bei dem gewöhnlich herrschenden niedrigeren Umsatzstande liegen die Steuererträge wesentlich tiefer. Bei steigenden Steuererträgen können die Steuersätze dagegen sinken, bei sinkenden Steuererträgen müssen sie steigen.

Seit einem Jahrhundert werden die Wirtschaftsverhältnisse, besonders in den Industrieländern von dem Gesetz der zunehmenden Staatsausgaben beherrscht, das Adolf *Wagner* um 1907 formulierte[6]. Je mehr die Wirtschaft aber seltsttätig blüht, desto stärker werden die Staatsausgaben zurückgehen, wenigstens alle Staatsausgaben für relativ unproduktive Zwecke. Die Mehrzahl der Staatsausgaben erstreckt sich aber auf derartige bürokratische, dirigistische und ähnliche Aufgaben. Wenn sich die Steuererträge vermehren, lassen sich gleichzeitig auch die Steuersätze senken, ohne daß die bestehende oder die geplante bessere Erfüllung der produktiven und notwendigen Staatsaufgaben, besonders auf den kulturellen Gebieten beeinträchtigt wird.

Jede *Senkung des Generalpreises der öffentlichen Leistungen, der Steuersätze,* kommt ihrerseits – infolge der allgemeinen Stärkung der Konsum- und Investitionskräfte der Wirtschaft, die durch sie erfolgt – wieder der wirtschaftlichen Blüte zugute. Die Senkung der Steuerlast wirkt sich über die sekundäre Kostensenkung in der Dynamischen Preisrechnung der Wirtschaftsbetriebe aus. Diese läßt sich durch eine dynamische Berechnung der Steuererträge ergänzen. Auch die jüngste Steuerreform der Bundesrepublik dürfte bereits auf ähnlichen Erwägungen beruhen.

---

[6] Siehe *Wagner*, Adolf: a.a.O., S. 105 ff. über das Gesetz der zunehmenden Staatsaufgaben.

Eine umfassende, außenpolitisch verursachte sekundäre Kostenerhöhung steuerlicher Art haben wir dagegen in Deutschland in den Jahren 1924 bis 1932 durch den Steuerdruck der Reparationsleistungen erlebt. Er wurde damals durch den Dawesplan und den Youngplan ausgelöst. Die ungewöhnlich hohen Steuerlasten drosselten damals die gesamten Umsätze der deutschen Warenproduktion durch die Kosten- und Preiserhöhungen, die sie hervorriefen. Ähnlich der multiplen Wirkung jeder betriebseigenen sekundären Kostensenkung äußerte sich auch die sekundäre, künstliche Kostenerhöhung damals in einer multiplen Weise. Sie setzte die deutschen Exporte herab und wirkte sich schließlich in der gesamten Weltwirtschaft als umsatzvermindernder Faktor aus.

Gerade dieses Beispiel einer erzwungenen irrationalen statischen Steuerrechnung weist auf die engen kosten- und preisbedingten Verflechtungen im Umsatzmechanismus der neuzeitlichen Industriewirtschaft hin. Dieses Beispiel legt ebenfalls die umgekehrte Schlußfolgerung nahe, daß jede Steuersenkung als sekundäre Kostensenkung Preissenkungen und Umsatzerhöhungen im Bereich der Gesamtwirtschaft möglich macht. Sie können in derselben, den wirtschaftlichen Aufschwung antreibenden Weise wirken wie die innerbetrieblichen primären Kosten- und Preissenkungen.

VI. Betriebliche Preisentwicklung im Rahmen der Dynamischen Preisrechnung: nominale und reale Preissenkung

1. Das heuristische Prinzip der Dynamischen Preisrechnung

Die Dynamische Preisrechnung stammt aus einem heuristischen Prinzip. Es ist das Prinzip eines an sich in der Preisrechnung liegenden, durch sie möglichen Ausgleichs in der Verwertung der Nominaleinkommen, einer Realeinkommensverteilung, die zu einer kontinuierlichen Umsatzerhöhung führt. In der Dynamischen Preisrechnung wird dieses Prinzip verwirklicht. Durch sie findet der volkswirtschaftliche Ausgleich der Realeinkommen, der Investierungs- und Konsumkräfte statt. Die verfahrensmäßige Anwendung ihres Prinzips wurde eingehend dargestellt[1].

Die praktische kasuistische Anwendung der Dynamischen Preisrechnung erübrigt sich hier, weil sie jedem der bewährten Preisrechnungs-Schemata, d. h. jeder der preisrechnerischen Kostengliederungsformen aufgestockt werden kann. Es soll deshalb hier nicht untersucht werden, welche der überlieferten preisrechnerischen Gliederungsverfahren der Kosten den Anforderungen der Dynamischen Preisrechnung am meisten entsprechen. Diese Anforderungen sind ohnehin in den zahlreichen Wirtschaftszweigen und für die Fertigungsarten der Waren verschieden[2]. Die wissenschaftliche Behandlung der Dynamischen Preisrechnung bietet zweckmäßig keine festen, schematischen Rezeptsammlungen oder Einzelvorschläge, sondern nur die dargestellten grundsätzlichen Rechenbeispiele und Verfahrenshinweise. Gerade der Dynamischen Preisrechnung entspricht keine andere Behandlung als die der Anpassung an die im Einzelfalle vorliegenden mannigfaltigen Voraussetzungen. Eine andere Behandlung der Preisrechnung wäre nicht mehr dynamisch.

Eine eingehendere theoretische Untersuchung der Dynamischen Preisrechnung führt zu weit in die volkswirtschaftlichen Preistheorien, besonders auch in die Nutzwert- und Grenznutzentheorien hinein. Diese hängen mit der hier noch anzuschneidenden Kostenersparnis zusammen, die durch die fertige Ware selbst zustandekommen. Die vorliegende betriebswirtschaftliche Untersuchung beschränkt sich darauf, auch theoretisch die für den Wirtschaftsbetrieb wichtigsten praktischen Gesichtspunkte betriebswirtschaftlicher und volkswirtschaftlicher Art zur Preisrechnung zu behandeln.

---

1 Im Kapitel III.
2 Die wichtigsten Anregungen dazu siehe im Kapitel VII, 1.

2. Nominale und reale Preisbewegungen und Preisstände

Bekanntlich kommt es beim Lohn und Gehalt und überhaupt bei jedem persönlichen Konsumeinkommen nicht nur auf den Nominalstand, also repräsentativ gesehen auf den Nominallohn an, sondern letzthin auf den Reallohn. Der Wert des Nominallohnes oder Geldlohnes zeigt sich im Reallohn, in der Warenmenge – repräsentativ im Durchschnitt der wichtigsten Waren gemessen – die für den Nominallohn gekauft werden kann. Jene Warenmenge stellt also den Gegenwert des Nominallohnes dar. Die Kaufkraft einer beliebigen Nominallohn-Einheit in Waren bringt die Reallohn-Einheit zustande. Sinkende Konsumgüterpreise erhöhen den Reallohn aller Konsumentenschichten, steigende Konsumgüterpreise senken ihn. In diesem Zusammenhang liegt die umsatzhebende Wirkung der Dynamischen Preisrechnung begründet. Ähnliches gilt vom Nominaleinkommen der Unternehmer und aller anderen Betriebsbesitzer, vom Bruttoertrag der Betriebe und last not least von den Realeinnahmen der staatlichen Finanzverwaltung.

In ähnlicher Weise kommt es bei den Preisen, vor allem bei den Preisen der Konsumgüter nicht nur auf den Nominalstand, also auf den *Nominalpreis* an, sondern letzthin auf den *Realpreis*. Der Wert des Nominalpreises oder Geldpreises zeigt sich im Realpreis, besonders in der Qualität einer Warenmenge[3], die für Nominalpreis gekauft werden kann, also seinen Gegenwert darstellt. Der Nutzwert der Nominalpreis-Einheit in Waren bringt die Realpreis-Einheit zustande. Nominale Preissenkungen können reale sein. Sie sind solche bei gleichem oder erhöhtem Gebrauchswert oder Nutzwert der mit gesenkten Preisen umgesetzten Waren. In diesem Zusammenhang liegt der Leistungswert der realen Preissenkung begründet.

Unter diesem Gesichtspunkt können wir folgende vier Fälle der Preisbewegung[4] unterscheiden:

1. *Die reale Preiserhöhung durch die nominale Preiserhöhung:*
Sie äußert sich in einer Beschränkung der Umsatzmengen, vor allem an durchschnittlich qualifizierten Massenartikeln und in einem Vordringen unechter Luxusartikel.
2. *Die reale Preissenkung durch die nominale Preissenkung:*
Sie äußert sich in einer Ausdehnung der Umsatzmengen an gediegenen industriellen Massenartikeln.
3. *Die reale Preiserhöhung bei nominaler Preissenkung:*
Sie äußert sich in einer qualitativen Herabsetzung des Warenwertes, des Nutzwertes, in den krassesten Fällen in der Herstellung von Schundartikeln. Der

---

[3] Die Warenqualität besteht vor allem in der Haltbarkeit oder Lebensdauer einer Ware. Sie kann auch im Grad der Zweckerfüllung liegen. Welche weiteren Merkmale der Warenqualität es gibt, kann hier offen bleiben.

[4] Oder des Preisstandes, z. B. zu Fall 1: niedriger Realwert der Ware bei hohem Nominalpreis und zu Fall 2: hoher Realwert der Ware bei niedrigem Nominalpreis.

Umsatz solcher Waren wird zwar etwas erhöht, der tatsächliche reale Umsatzwert und die Lebensdauer der betreffenden Waren werden aber vermindert.

4. *Die reale Preissenkung bei nominaler Preiserhöhung:*
Sie äußert sich in einer qualitativen Erhöhung des Warenwertes, des Nutzwertes, in den hervorragendsten Fällen in der Herstellung von Spitzenartikeln. Der Umsatz wird bei diesen Waren zwar herabgesetzt – wenigstens soweit es sich nicht um Geschmacksartikel handelt, sondern um technische Artikel – der tatsächliche reale Nutzwert und die Lebensdauer der einschlägigen Waren werden jedoch erhöht.

Die Fälle 1 und 3 entsprechen der Statischen Preisrechnung, die Fälle 2 und 4 dagegen der dynamischen. Es wäre falsch, die Statische Preisrechnung grundsätzlich mit der nominalen Preiserhöhung gleichzusetzen. Sie ist durch die reale Preiserhöhung gekennzeichnet. Ebenso wäre es abwegig, die Dynamische Preisrechnung verallgemeinernd als nominale Preissenkung anzusehen. Sie ist durch die reale Preissenkung ausgezeichnet und verträgt sich bei einer entsprechend gehobenen, für die Verbraucher kostensenkenden Leistung mit einer nominalen Preiserhöhung. Diese vollzieht sich ohne wirtschaftliche Schäden, d. h. ohne eine Fehlleitung und einen unfruchtbaren Verzehr von Kaufkräften.

Schließen wir noch einige Betrachtungen an die vier Fälle der nominalen und realen Preisbewegung an:

Der Wettbewerb führt im Konsumgütersektor gewöhnlich zur Gesuchtheit der Formen und Substanzen, soweit diese nicht von technischen, sondern von künstlerisch-aesthetischen Zwecken bestimmt werden. Textilwaren, besonders der Damenbekleidung, kosmetische und viele pharmazeutische[5] Artikel gehören zu den bevorzugten Gegenständen der formalen, unechten Luxusproduktion. Ein erheblicher Teil der einschlägigen Waren zählt jedoch zu den echten industriellen Massenartikeln und mithin eigentlich in den Bereich der Dynamischen Preisrechnung und einer sehr wünschenswerten allgemeinen Umsatzerhöhung!

Hochwertige Massengüter treten vor allem als Markenartikel auf. Es handelt sich bei ihnen zum großen Teile um technische Konsumgüter, z. B. chemische Waschmittel, Betriebsmaschinen, Haushaltsmaschinen und -geräte. Aber auch Nahrungs- und Genußmittel wie Schokolade, Kekse, Zigaretten und Zigarren, Konserven fallen unter diese, für den gesamten Warenumsatz der Industrievolkswirtschaften entscheidende Warengruppe. Schließlich gehören alle Grundstoffe, Rohstoffe und Halbstoffe – geformte und schüttbare – zu ihr. Von der Dynamischen Preisrechnung sind die zahlreichen Arten und Sorten der hochwertigen Massenerzeugung noch nicht annähernd erfaßt. Ihr Wettbewerb wird mehr mit kostenerhöhenden Werbemaßnahmen als mit kostensenkenden Verfahren und Preissenkungen durchgeführt.

---

[5] In ihrer ungeheuren Zahl und teilweisen Überspitztheit kennen sogar die Ärzte sich nicht mehr aus.

Schunderzeugnisse treten in allen Warenkategorien auf, besonders unter den Konsumgütern. Sie sind ihrem Wesen nach meist entartete Luxusartikel und fallen häufig unter die rechtlichen Bestimmungen des unlauteren Wettbewerbs oder zum mindesten unter die Warenerzeugung seines Bereichs[6]. Schunderzeugnisse täuschen die Verbraucher meist. Sie täuschen unmittelbar und unabhängig von unlauteren Anpreisungen und Zusicherungen über ihre Haltbarkeit und Zweckerfüllung.

Preisunterbietungen können unter gewissen Umständen zu den Mitteln des unlauteren Wettbewerbs gehören[7]. Das trifft nicht ohne weiteres zu, wenn sie auf Verlustkonto gehen, wohl aber wenn sie von monopolistischen Marktverbänden organisiert sind, um Außenseiter niederzuzwingen, sie zum Kartellanschluß zu nötigen oder den Aufkauf eines Betriebes durch ein Großunternehmen zu erreichen. Auch täuschende Lockpreise und alle anderen Arten spekulativer Warenpreise sind verwerflich und z. B. in der Bundesrepublik unerlaubt[8]. Sämtliche unlauteren Preisunterbietungen unterscheiden sich grundsätzlich von den leistungsbegründeten. Sie führen keine wirkliche Stärkung der Verbraucher-Kaufkräfte herbei.

Die Waren der Warengruppe 2 können sich bis zur Spitzenqualität der Warengruppe 4 erheben. In dieser handelt es sich gewöhnlich um die Ergebnisse langer Forschungsarbeiten, die auch zum patentrechtlichen Schutz führten. Sie werden häufig von neuen Rechtsinhabern stillgelegt, um die Beschäftigung industrieller Produktionskapazitäten nicht zu beschränken, dem eigenen Betriebe den Umsatz nicht auf die Dauer abzuschneiden und dadurch die Bilanzgewinn-Senkung – eine krasse und langfristige Senkung – zu vermeiden. Die Gefahr der Umsatzbeschränkung tritt in solchen Fällen besonders ein, wenn die Überlegenheit der neuen Ware aus einem verbesserten Rohstoff herrührt und wenn der Bedarf an ihr an feste Benutzungsstellen gebunden ist, mögen diese auch außergewöhnlich zahlreich sein. Das gilt z. B. von den Glühlampen und von den Rasierklingen der Naßrasierapparate. Synthetische Textilstoffe erhöhter Haltbarkeit, z. B. Perlon vermindern dagegen den Umsatz an den einschlägigen Textil-Fertigwaren oder -Halbstoffen nicht, weil der Bedarf an diesen praktisch unbegrenzt ist. Seine Befriedigung hängt nur von der ausreichenden Kaufkraft ab, die eben durch die Dynamische Preisrechnung erhöht wird.

Die vier angeführten Warengruppen der Großmengenfertigung enthalten nicht alle industriell – d. h. im weiteren Sinne gemeint – mit industriellen Hilfsmitteln und Verfahren hergestellten Artikel. Zwar gehören alle Konsumgüter, auch solche, die in den Betrieben der Landwirt-

---

[6] Siehe *Sprüngli*, Hans-Rudolf: Der unlautere Wettbewerb (Zürich, 1955).

[7] Siehe *Fikentscher*, Wolfgang: Die Preisunterbietung nach neuem Wettbewerbsrecht (Heidelberg, 1958). Ferner *Chardon*, André: Der Schleuderpreis und seine wirtschaftspolitische Behandlung (Basel, 1954).

[8] Siehe auch *Meier*, Friedrich: Preisschleuderei (Würzburg, 1939), S. 93 ff.

schaft und des Handwerks erzeugt werden, zu ihnen. Ebenso lassen sich die Leistungen der Verkehrswirtschaft und der Energiewirtschaft der zweiten Warengruppe, den echten Massenartikeln zuordnen. Dagegen bilden viele Artikel der Industrieausstattung:[9] Maschinen, Geräte, Apparate, Instrumente u. dergl., die in kleineren oder kleinsten Stückzahlen hergestellt werden, eine besondere *Warengruppe 5*. Kennzeichnend für diese ist die Art des Fertigungsverfahrens, das der kleineren Stückauflage – ähnlich wie bei einer kleineren Mengenauflage von Hilfsstoffen – angepaßt ist. Es besteht in der Einzelfertigung und Kleinserienfertigung.

Diese weitere Warengruppe enthält im wesentlichen Investitionsgüter. Außerdem gehören die echten Luxusartikel zu ihr, von denen der größte Teil in Handwerksbetrieben und mit handwerklichen Fertigungsverfahren erzeugt wird. Die Eigenschaften der Waren dieser fünften Gruppe sind denen der Artikel der vierten Gruppe ähnlich. Ihre Lebensdauer ist gegenüber den Waren der Gruppen 3 und 1 sowie teilweise auch gegenüber denen der Gruppe 2 in der Regel erhöht. Ebenso ist ihr Nutzwert bisweilen höher, besonders wenn es sich um technische Artikel der Industrieausstattung und -versorgung handelt.

Die Waren der Gruppen 1 bis 4 werden in der Großserien-Fertigung in fließender Fertigung, in Fließbandfertigung sowie mit den Hilfsmitteln der teilweisen oder vollen Automation hergestellt. Während die Waren der Gruppen 1 und 3 aber überhaupt erst unter dem Gesichtspunkt der bewußten Anwendung der Statischen Preisrechnung entstehen, werden die Waren der Gruppen 2 und 4 – gediegene Massenartikel und technische Spitzenartikel – ihr sinnwidrigerweise ebenfalls unterworfen. Hierin liegt die eigentliche schwere Hemmung der neuzeitlichen Industrieproduktion begründet. Man lasse sich nicht durch aufsteigende „Dauerkonjunkturen", Nachkriegs-Booms und sogenannte Riesenumsätze täuschen! Die Umsätze der meisten Betriebe, welche die Waren der Gruppe 2 herstellen, könnten sich verdoppeln, ja vervielfachen, sobald sie zur Dynamischen Preisrechnung übergehen.

Dagegen ist die Statische Preisrechnung bei den Waren der Gruppe 5, die einer relativ kleinen Bedarfsdeckung dienen, völlig angebracht. Wenn man von der Übergangsstufe zur Großserien-Fertigung[10] absieht, könnte die Dynamische Preisrechnung die Umsätze dieser Warengruppe bei unmittelbarer Anwendung nicht in nennenswerter Weise heben. Sie würde deshalb per saldo durch die primäre Preissenkung bei ihnen eine Senkung des Rohertrags und des Bruttogewinns veranlassen. Der Marktpreis bestimmt, wie überhaupt bei der Statischen Preisrechnung, bei den Waren der Gruppe 5 nicht nur überlieferungsmäßig, sondern sinngemäß weitge-

[9] Sowie der Ausstattung sonstiger Betriebe einschließlich der Anstalten, z. B. der Krankenhäuser oder der freien Berufe.

[10] Bei ununterbrochen ansteigender, dauerhafter Nachfrage.

hend den Angebotspreis. Er tritt mehr oder minder stark an dessen Stelle. Dagegen wird der Marktpreis durch den sinkenden Angebotspreis der Dynamischen Preisrechnung verdrängt.

Allen Betrieben, auch denen, die nur Waren der Gruppe 5 erzeugen, fließt die Möglichkeit zu, die sekundäre Kostensenkung anzuwenden. Diese geht von den Waren der Gruppen 2 und 4 in allen Betrieben aus, welche die Dynamische Preisrechnung anwenden. Sie ergibt sich aus der nominalen primären Kosten- und Preissenkung. Sie geht auch von Senkungen der Steuersätze aus. Die Kostensenkung kann auch in den Betrieben auftreten, welche die Waren der Gruppen 1 und 3 herstellen, ohne daß jedoch reale Preissenkungen bei ihnen zustandekommen. Immerhin werden die nominalen Preissenkungen in ihren beiden Formen, d. h. bei den Warengruppen 2 und 3 kurzfristig wirksam, während die reale Preissenkung der Warengruppe 4 kurzfristig dem Unternehmer und erst langfristig auch den Verbrauchern seiner Waren zugute kommt.

3. Umwandlung der Nutzenserhöhung in eine nominale Preiserhöhung bei realer Preissenkung

Die Erhöhung des Nutzwertes einer technischen Ware mit Spitzenqualität[11] bedeutet für ihren Benutzer, den Verbraucher eine Kostenersparnis, z. B. im Maße ihrer erhöhten Haltbarkeit. Der Hersteller derartiger Waren muß deshalb – ausgenommen etwa bei Textilien[12] – mit langfristig durch sie eintretenden Umsatzbeschränkungen rechnen. Der zu erwartende Ausfall an Umsatzmengen von Waren mit einer außergewöhnlichen Verbrauchsdauer läßt sich in der Kostengrundlage der Preisrechnung als *„kostenrechnerischer Umsatzausfall"* berücksichtigen. Auf diese Weise entsteht ein zusätzlicher nominaler Kostenfaktor, der alle anderen realen Kostenarten sowie die üblichen kalkulatorischen Kostenarten betragsmäßig überragt und zu einer nominalen Preiserhöhung der Ware führt. Dieser Kostenfaktor kann einen vorweggenommenen Gewinnausfall sowie vorweggenommene verringerte Neubeschaffungskosten der Verbraucher darstellen.

Es ist angemessen, daß die Senkung der Nutzkosten, welche erst allmählich beim Verbrauch und Gebrauch einer solchen Ware durch ihre höhere Lebensdauer und andere Eigenschaften stattfindet, nur teilweise durch eine nominale Preiserhöhung zugunsten des Herstellers abgefangen wird. Anderenfalls böte die betreffende Ware keinen genügenden Kaufanreiz für die Verbraucher. Nur bei einer Teilung der ersparten Nutzkosten liegt auch eine reale Preissenkung vor. Per saldo müssen also beide: der Produzent wie die Verbraucherschaft aus der Einführung des Spitzen-

[11] z. B. an Haltbarkeit, Farbechtheit, Knitterfreiheit, Korrosionsfestigkeit usw.
[12] Und anderen, Geschmackswertungen unterliegenden Artikeln.

artikels ihren Vorteil ziehen: der Produzent durch die nominale Preiserhöhung zur Gewinnerhöhung, die Verbraucherschaft durch die reale Preissenkung.

Trotz des höheren Preises erringt der Hersteller mit diesem Preisrechnungsverfahren die wettbewerbliche Überlegenheit, wenn er die tatsächliche Warenleistung, den höheren Nutzwert der betreffenden Ware, ihre größere Lebensdauer bei normaler Nutzung verbürgt. Allerdings wäre es dazu notwendig, den Aufkauf von Patenten, welche die Herstellung derartiger Waren urheberrechtlich schützen, zum Zwecke der Stillegung ihrer Anwendung gesetzlich zu verbieten[13]. Auf diese Weise würden die Betriebe, die rückständige Waren herstellen, gezwungen werden, sich auf einen ähnlichen Fortschritt oder auf andere Artikel umzustellen. Kartelle und Konzerne würden auch auf diesem Gebiete der fortgeschrittensten Warenentwicklung veranlaßt werden, den Wettbewerb nicht zu unterbinden. Auch wenn die Urheber-Schutzrechte verfallen sind, läßt sich dieses Verfahren der Preisgestaltung, unter Beteiligung mehrerer Wettbewerber, gegebenenfalls mit Hilfe einer fortschrittlichen Kartellbildung durchführen.

Das nachfolgende didaktische Schemabeispiel erläutert den preisrechnerischen Grundvorgang für die angegebenen Waren mit seinen Vorteilen für die Verbraucher und den Hersteller:

	Marktpreis einer Ware von 1 Jahr Lebensdauer	DM 1,–
–	Hersteller-Selbstkosten dieser Ware	DM –,90
	Hersteller-Gewinn (einschl. Umsatzsteuer) an diesem Warenstück	DM –,10
	Hersteller-Gewinn in zehn Jahren an diesem Warenstück	DM 1,–

Preisrechnung für dieselbe Ware bei 10-jähriger Lebensdauer

	Angenommener Anteil an fixen Kosten je Stück der Ware für zehn Jahre (p. a. –,10)	DM 1,–
+	Summe der einmaligen sonstigen Kosten, besonders der Herstellkosten je Stück der Ware	DM 1,10
+	Sondereinzelkosten der Werbung und dergl.	DM –,10
	Neue Gesamtkosten (Hersteller-Selbstkosten)	DM 2,20[14]
+	Gewinn-Nutzung (ersetzter Gewinnausfall für 10 Jahre, 20% p. a. statt 10%)	DM 2,–
	Preis der neuen Ware von 10 Jahren Lebensdauer	DM 4,40

Kaufkraftzuwachs der Verbraucher

	Alter Preisstand 10 x 1,– =	10,–
–	Neuer Preisstand 1 x 4,40 =	4,40
	Kaufkraftzuwachs	5,60
	also 56% des alten Warenpreises	

Gewinnzuwachs der Hersteller

	Neuer Gewinn 1 x 2,– =	2,–
–	Alter Gewinn 10 x –,10 =	1,–
	Gewinnzuwachs	1,–
	also 100% des alten Gewinns für zehn Jahre	

[13] d. h. unter gleichzeitigem Verbot der „Verwertung" durch Hersteller, die unmittelbar an der Herstellung der rückständigen Wettbewerbswaren beteiligt sind

[14] Siehe Seite 85.

Das vorstehende Beispiel einer kombinierten nominellen Preiserhöhung und realen Preissenkung ist ein Beispiel der Dynamischen Preisrechnung, die immer die mögliche Entwicklung der Kaufkräfte und des Nutzens der Waren bei ihren Käufern berücksichtigt. Bei der Anwendung dieser preisrechnerischen Verfahrensart für die Einführung von Spitzenqualitätswaren besonderer Leistungsfähigkeit erübrigt sich jede Stillegung der einschlägigen Patentrechte mit ihrem überrationalen technischen Inhalt. Die gesparte Kaufkraft der Verbraucher ist für den Kauf anderer Waren freigestellt.

4. Die stufenweisen Preissenkungen und der Bedarfsumfang

In der Volkswirtschaft wirkt sich die Dynamische Preissenkung über den Einkauf der Fertigungs- und Hilfsstoffe sowie der sonstigen Fertigungs- und Hilfsmittel in den Wirtschaftsbetrieben als allgemeine multiple-sekundäre Kostensenkung aus. Diese macht eine multiple-sekundäre Preissenkung möglich, die ihrerseits wieder auf andere Wirtschaftsbetriebe weiterwirkt und eine allgemeine Umsatzerhöhung fördert. Allmählich werden die fixen Kosten in einer zunehmenden Zahl von Wirtschaftsbetrieben mit den steigenden Umsätzen degressiv[15].

Auch die Fertigungs-Gemeinkosten und unter Umständen die Fertigungs-Einzelkosten unterliegen unter solchen Voraussetzungen der Degression. Die gesamten Selbstkosten werden bis zu dem vom Fertigungsverfahren und von der Kundenauftragsgestaltung abhängigen, also selbst mehr oder minder variablen Optimum des Beschäftigungsgrades gesenkt. Diese letzte, wieder innerbetrieblich verursachte einfache-sekundäre Kostensenkung beruht auf der Anwendung der Schmalenbachschen Regeln für die Herstellung des optimalen Beschäftigungsgrades des Betriebes. Sie soll ebenfalls im Warenverkaufspreis, in der weiteren Preissenkung zur Auswirkung gelangen. Diese Forderung gilt für den Fall, daß der optimale Beschäftigungsgrad noch nicht erreicht wurde oder sich weiter erhöhen läßt. Nur in diesem Fall lohnt sich die weitere Umsatzerhöhung.

Auf diese Weise wird der gesamte Kaufkraftmechanismus der Volkswirtschaft rationalisiert. Die einfache-sekundäre Kostensenkung, die ebenso wie die primäre – z. B. durch betriebliche Rationalisierungs-Maßnahmen eintretende Kostensenkung – innerbetrieblich begründet wird, kommt erst in einer längeren Zeitspanne zustande. Die kontinuierliche Kettenbildung von primären, multiplen- und einfachen-sekundären Kostensenkungen, ihre Wiederholung durch neue primäre Anstöße führt zu einem stufenweisen Preissenkungsprozeß. Dieser Vorgang ergibt sich aus

---

[14] Die Absetzung von Amortisationsquoten als Kostenersparnisse wurde unterlassen, weil das Beispiel ohnehin nur schematisch ist.

[15] Bis zu einem Optimum! Siehe dazu die Tabelle bei *Bott*, a.a.O., Sp. 1586 sowie die Tabelle im Kapitel IV, 1 hier.

den volkswirtschaftlichen Zusammenhängen bei einer ungehemmten Durchsetzung der Dynamischen Preisrechnung. In der volkswirtschaftlichen Wirklichkeit konnten wir ihn bisher nur in geringem Umfange beobachten[16].

Das produktive Ausbringungs-Optimum von Industriebetrieben ist bei der Automation und bei der Fließbandfertigung fest gegeben, sofern schon eine Dreischichtenarbeit durchgeführt wird[17]. Deren sozialhygienische Mängel bilden eine Sonderfrage. Bei einer Großserienfertigung läßt sich die Produktionskapazität dagegen einer höheren Umsatzforderung wiederholt anpassen. Das Ausbringungs-Optimum ist – worauf schon hingewiesen wurde – also nur in den seltensten Fällen unveränderlich, starr.

Ein stufenloser, einmaliger Übergang zu einer dynamisch ermittelten Preisstufe muß im Falle 4, bei der Erzeugung von Spitzenqualitätswaren längster Lebensdauer eintreten. Die nominale Preiserhöhung muß in diesem Fall schlagartig vollzogen werden, während die primäre und die sekundäre, anderweitig begründete Kostensenkung in ihm nebensächlich werden. An ihre Stelle tritt die nominale Preiserhöhung mit realer Preissenkung.

Die primäre Preissenkung als Ausnutzung einer primären Kostensenkung soll sich jedoch möglichst stufenlos, nach dem in der Tabelle 1 im Kapitel III dargestellten Berechnungsverfahren vollziehen. Ausnahmen können vorliegen, wenn der Kostenstand und der Gewinn vor der Kostensenkung unterdurchschnittlich waren. In jedem Falle kommt es darauf an, die Verwendung der Kostensenkung so durchzuführen, daß eine möglichst große Stärkung der Nachfrager-Kaufkräfte eintritt, und der Umsatz maximal bis zum Beschäftigungs-Optimum steigt. Nur die volle Verwendung der Kostensenkung zur Preissenkung führt diesen Erfolg herbei. Sie erhöht den Kostenträger-Gewinn und die Verbraucher-Kaufkräfte in proportionaler Weise.

In Zweifelfällen wird sich ein schnell einsetzendes, aber länger anhaltendes Ausprobieren des wirksamsten Preises auf dem Markte empfehlen. Um einen Vergleich der Wirkung verschieden starker Preissenkungen zu erhalten, können diese auf einzelnen, von einander weit entfernt gelegenen Marktteilen mit ähnlicher Bedarfsschichtung durchgeführt werden[18]. Je kurzfristiger die versuchsweise Spaltung des Marktes durchgeführt werden muß, desto weniger kann sie die erfolgreiche Anwendung des gesamten Verfahrens der Dynamischen Preisrechnung und Preisbildung stören.

Die Dynamische Kosten- und Preisrechnung geht auf die optimale Preisgestaltung aus, d. h. diejenige Preisgestaltung, die zu den höchsten Bilanz-

---

[16] Siehe dazu die Tabelle im Kapitel VIII, 1.

[17] Die teilweise Kostenerhöhung durch Überstundenlöhne usw. wird durch eine Verminderung anderer Kostenanteile und die Degression der fixen Kostenanteile unter Umständen ausgeglichen.

[18] Verfahren der regionalen Preisdifferenzierung.

gewinnen führt. Die optimale Preisgestaltung ist ihrerseits abhängig von der optimalen Kostengestaltung. Optimal sind die im Verhältnis zur erreichbaren und erreichten Umsatzhöhe niedrigsten Kosten. In der Statischen Kostenrechnung werden die optimalen Kosten nicht oder noch nicht ausreichend beachtet, soweit sie eine unberechtigte Anwendung auf Waren findet, die infolge ihrer Fertigungsverfahren der Dynamischen Kosten- und Preisrechnung unterliegen müssen. Soweit die Statische Kostenrechnung und die Statische Preisrechnung auf Güter angewandt werden, die ihnen nach den angewandten Fertigungsverfahren unterliegen, kann man keine optimalen Kosten unterscheiden, wohl aber gewöhnliche Mindestkosten.

Dagegen geht die Dynamische Kosten- und Preisrechnung auf die primäre und die sekundäre Kostensenkung aus. Die primäre stützt sich auf innerbetriebliche Kostenersparnisse, die besonders durch Rationalisierungs-Maßnahmen zustandekommen. Die sekundäre Kostensenkung stützt sich auf die Schmalenbachschen Regeln der optimalen Kostengestaltung, d. h. der Kostengestaltung nach dem optimalen Beschäftigungsgrad[19]. Sie stützt sich auch auf die Preissenkungen anderer Betriebe.

Die Herstellung der Massengüter der Warengruppen 2 und 4 muß auf ihre dauernde Umsatzvermehrung, d. h. also auf die wiederholte Anwendung der primären Kostensenkung gerichtet sein. Die einfache sekundäre Kostensenkung wird sich bisweilen mit der primären vorausschauend verbinden lassen. Häufiger wird sie jedoch eine cura posterior sein, besonders wenn sich der optimale Beschäftigungsgrad infolge einer normalen Ausdehnbarkeit der Produktionskapazität auf eine höhere Ausbringungsstufe heben läßt.

Während die Statische Preisrechnung die mutmaßliche Bereitschaft der Verbraucher zur Zahlung höherer Marktpreise veranschlagt, und deren Kaufkraft außer Acht läßt, legt die Dynamische Preisrechnung die Förderung der Kaufkräfte der Verbraucher zugrunde. Sie entspricht damit den Fertigungsbedingungen der für sie maßgebenden Warengruppen.

Die Stärkung der Kaufkraft der Nachfragenden hat allerdings nur soweit einen Sinn, als ein echter ungedeckter Bedarf bei ihnen vorliegt. Bei den Konsumenten kann dieser für die meisten Waren und Dienstleistungen angenommen werden. Das gilt wenigstens für die Masse der Konsumenten als Ganzes. Für viele Waren besteht auch bei den meisten Konsumentenschichten ein ungedeckter Bedarf, u. a. für verfeinerte Lebensmittel in natürlicher sowie industriell verarbeiteter Form – Südfrüchte etwa.

[19] Diese Regeln werden hier durchgehend als Schmalenbachsche bezeichnet, weil Schmalenbach sie theoretisch am treffendsten begründete und ihnen den maßgebenden Ausdruck verlieh.

Man kann im wesentlichen – entsprechend der Gliederung der Kosten – einen überwiegend bestehenden *variablen Bedarf* von einem *fixen Bedarf* unterscheiden. z. B. ist der Bedarf an der Benutzung großstädtischer Verkehrsmittel für Berufszwecke ein fixer, der zusätzliche Bedarf an ihrer Benutzung für nicht-berufliche Zwecke dagegen variabel[20]. Bei vielen Gütern besteht ein nach Menge und Qualität fixer Mindestbedarf. Über diesen hinaus wird der Bedarf in verschiedenem Umfang variabel.

Jeder fixe Bedarf zwingt die Bedarfsträger, die Verbraucher zu seiner Deckung durch die Nachfrage, die dadurch der Festigung unterliegt. Sie kann nur wenig unterschritten oder überschritten werden. Die vorhandene Kaufkraft wird vorrangig zur Deckung jedes fixen Bedarfs verbraucht. Der variable Bedarf wird dagegen erst durch die Größe der zusätzlichen Kaufkraft zur wirksamen, umsatzhebenden Nachfrage. Bei manchen Artikeln, z. B. Textilien und kulturellen Luxugütern wie schöngeistigen Büchern ist er nahezu unbegrenzt. Hier liegen also viele Möglichkeiten, durch die Kaufkraftstärkung den stillen Bedarf zu wecken und ihn in Nachfrage zu verwandeln.

Güter und Leistungen, an denen vor allem ein fixer Bedarf besteht, legen die Statische Preisrechnung näher. Artikel und Leistungen, an denen ein variabler Bedarf vorherrscht, sind für die Anwendung der Dynamischen Preisrechnung besonders geeignet. Sie drängen zur massenweisen Herstellung und zu deren Verbesserung. Sie drängen zu fortgeschrittenen Fertigungsverfahren, welche Rationalisierungen und primäre Preissenkungen erleichtern, also niedrige Preisstände sichern und den Stufenprozeß der Preissenkungen in der Volkswirtschaft verbreitern.

---

[20] Eine eingehendere Formenanalyse des Bedarfs würde hier zu weit führen. Die Mengersche Bedürfnislehre genügt als Grundlage für sie nicht. Siehe *Menger*, Carl: Grundsätze der Volkswirtschaftslehre (Wien, 1923).

VII. Differenzierung und Anwendbarkeit der Dynamischen Preisrechnung nach den Wirtschaftszweigen

1. Produktionsarten der Massenproduktion

Es wurde schon mehrfach darauf hingewiesen, daß nur ein Teil aller Warenarten in einer Massenproduktion entsteht. Sowohl der Umfang der Nachfrage nach den einzelnen Waren wie die Art ihrer Fertigung sind dafür maßgebend. Beide Ursachen stimmen weitgehend miteinander überein, weil die Bedarfsmengen die Wahl der Fertigungsverfahren bestimmen. Unter anderem besteht für Elektro-Kleinmotoren verschiedener Typen sowie für qualifizierte Klein-Drehbänke ein sehr beträchtlicher Bedarf mit einer entsprechenden Nachfrage und Massenherstellung. Dagegen unterliegen Spezial-Dieselmotoren und Leitspindel-Drehbänke einem wesentlich beschränkteren Bedarf und einer Kleinmengenherstellung. Mit der Spezialisierung der Aufgabenerfüllung technischer Waren, z. B. von Maschinen sinkt der Massenbedarf an ihnen. Andererseits wird ihre Herstellung verwickelter. So ergibt sich ein Übergang in der Herstellung der Waren von der Fließband- und Fließfertigung zur Groß- und Kleinserienfertigung.

Ähnlich liegen die Fertigungsbedingungen und Bedarfsverhältnisse bei den Konsumartikeln. Haushaltsmaschinen und Rundfunkgeräte lassen sich als Massenartikel vorwiegend in der Fließbandfertigung herstellen, Haushaltsgeräte in der Fließfertigung. Haushaltswerkzeuge können ebenfalls in dieser, teilweise sogar halbautomatisch erzeugt werden. Die einzelnen, auf die Waren anwendbaren Fertigungsverfahren sind sehr abwandelbar. Es ist möglich, sie auf die mannigfaltigste Weise miteinander zu verbinden.

Grundsätzlich kann man die formende Fertigung, vor allem in der metallschaffenden und metallverarbeitenden Industrie in die nachfolgend aufgeführten Verfahren der beiden Gruppen der Kleinmengen-Herstellung und der Großmengen- oder Massen-Herstellung untergliedern:

I. Kleinmengen-Herstellung

1. Modell- und Versuchsfertigung,
2. Einzelfertigung nach Mustern und Sonderentwürfen,
3. Kleinserienfertigung,
4. Großserienfertigung.

II. Massen-Herstellung

1. Fließfertigung (bei Größtserien),
2. Fließbandfertigung,
3. Fließstraßenfertigung,
4. Automatenarbeit: Teilefertigung,
5. Automation: Teilefertigung
6. Vollautomation.

Die Möglichkeiten der Verfahrensanwendung sind entscheidend für die Wahl des abschließenden Preisrechnungsverfahrens. Die Fertigungsverfahren und mit ihnen die verschiedenen Warengruppen und Warenarten verteilen sich auf die vielen Produktionszweige. Es gibt Produktionszweige, für die irgendein Fertigungsverfahren maßgebend ist oder die von einem solchen völlig beherrscht werden. So wird u. a. die Industrie der Kraftfahrzeuge vorwiegend von der Fließbandfertigung, neuerdings unter zunehmendem Einsatz der Automation für die Teile-Fabrikation bestimmt. Walzwerke arbeiten mit dem Verfahren der Walzstraßen, also mit nahezu vollautomatischen Maschinen-Aggregaten. Neuzeitliche Konservenfabriken wenden in großer Zahl die volle Automation der gesamten Fertigung: vom Eingang der Roh- und Hilfsstoffe bis zur Einlagerung oder zum Versand der fertig verpackten Ware an. Werke der Chemischen Großindustrie für die Grundstoffherstellung wie z. B. Ölraffinerien und Gummi-Synthesewerke arbeiten ganz oder vorwiegend vollautomatisch. Besonders bei der Monofertigung und Divisionskalkulation kommen die gehobensten Fertigungsverfahren zur Anwendung.

Alle Betriebe mit derartigen hochproduktiven, auf spezifische technische Einrichtungen aufgebauten Fertigungsverfahren eignen sich in Gänze für die Durchführung der Dynamischen Kostenrechnung, besonders auch für die einfache-sekundäre Form der Kostensenkung[1].

Folgerichtig müssen sie für die Umsatzsteigerung auch zur vollen Dynamischen Preisrechnung übergehen. Mit dieser erhöhen sie die Nachfrage nach ihren Waren und treiben den gesamten Güterkreislauf der Volkswirtschaft durch die sekundäre Kosten- und Preissenkung an.

Die Produktionszweige der gemischten Fertigung sowie auch Einzelbetriebe, die in Fabrikationszweigen mit Monofertigung eine gemischte Fertigung besitzen, wenden die Fertigungsverfahren der Kleinmengen-Herstellung an. Bei der Eingliederung einzelner laufender Größtserien können sie teilweise auch zur Fließfertigung übergehen[2]. Außerdem besitzen sie z. B. in der metallverarbeitenden Industrie allgemein die Automatenarbeit zur Teilefertigung. In der chemischen, pharmazeutischen und kosmetischen Industrie sowie in der Lebensmittel- und Genußmittelindustrie bedienen sich die Betriebe u. a. der Abfüll- und Verpackungsautomaten. Auch in diesen Produktionszweigen sind also Teilbedingungen für die Dynamische Preisrechnung vorhanden.

Produktionsbetriebe des Handwerks wenden, vielfach neben der Kleinserienfertigung, die Einzelfertigung an. Auch die Großserienfertigung einfachster Artikel, z. B. kleiner Haushaltsgeräte kommt bei ihnen vor[3]. Hier ist also sogar im Handwerksbereich der Übergang zur Dynamischen Preisrechnung gegeben. Bei dem großen Wettbewerb, in dem seine einschlägi-

---

[1] Die Herstellung des Kosten-Optimums nach den Schmalenbachschen Regeln.

[2] Diese wurde z. B. bei den Rüstungsaufträgen in der Fertigung friedenswirtschaftlicher Betriebe während des letzten Krieges weitgehend eingeführt.

[3] z. B. in Kleinstbetrieben der sogenannten Solinger Industrie.

gen Betriebe stehen, wenden sie diese fortgeschrittene Preisrechnung sogar – ihres grundlegenden Wesens unbewußt – mit ihrem umsatzhebenden Erfolge häufig an.

2. Typische Teilfertigungsverfahren der Massenherstellung von Waren

Sehr kennzeichnend für den Charakter einer Massenherstellung oder Kleinmengenherstellung sind verschiedene, zueinander parallel laufende Teil-Fertigungsverfahren[4] der metallverarbeitenden Industrie. Man vergleiche z. B. die nachfolgend aufgeführten:

Fertigungsverfahren der Kleinmengenherstellung	Fertigungsverfahren der Massenherstellung
(Statische Preisrechnung)[5]	(Dynamische Preisrechnung)[5]
Formguß, Kokillenguß, Drehbankarbeit (Mechaniker),	Preßguß (Druckguß), Drehautomatenarbeit.

In der Preisrechnung können die beiden aufgeführten Verfahrensgruppen in der sie kennzeichnenden Weise zur Geltung gelangen. Das gilt sowohl für die vollständige unmittelbare Kundenberechnung von Teilelieferungen, die unter Umständen sogar durch Handwerksbetriebe erfolgen können. Das gilt aber ebenso für den innerbetrieblichen Kostenanfall. Die Teile-Arbeiten können, wenn es sich um Massenaufträge handelt, dynamisch berechnet werden, während in der Gesamtkosten- und Preisrechnung das statische Prinzip zur Anwendung kommt. Umgekehrt kann die dynamische Endpreisrechnung mit statischen Teile-Preisrechnungen verbunden werden. Je genauer diese Verfahrens-Verbindungen der Kostengestaltung[6] den wirklichen Fertigungsvorgängen angepaßt werden, desto günstiger, d. h. marktentsprechender wird die abschließende Preisrechnung ausfallen, vor allem wenn sie die dynamische ist.

Die Dynamische Preisrechnung hebt keines des bewährten, ausgebauten vorbereitenden Kostenrechnungsverfahren auf! Sie verfeinert diese nur, indem sie deren Anwendung in der Dynamischen Kostenrechnung ergänzt und sie völlig betriebs- und verfahrensindividuell gestaltet.

3. Anwendbarkeit der Dynamischen Preisrechnung nach den Fertigungsverfahren in den Produktionszweigen

Auf die eingehendere Behandlung der besonderen Arten der gesamten überwachenden und preisrechnerischen Kostenrechnung in den zahlreichen Wirtschaftsbereichen kommt es hier nicht an. Dagegen ist es aufschlußreich, die auffälligsten Gründe für die Anwendung der Statischen Preisrechnung und der Dynamischen Preisrechnung samt deren kosten-

---

[4] Verfahren der Teile-Fertigung mit den zugehörigen technischen Einrichtungen.

[5] Gegebenenfalls pretiale als Bestandteil der Kostenträger-Stückrechnung.

[6] Gegebenenfalls sogar in der Form der pretialen, innerbetrieblichen Leistungsverrechnung. Siehe dazu *Schmalenbach,* Eugen: Pretiale Wirtschaftslenkung (Bd. 1 u. 2, Bremen-Horn, 1948).

rechnerischer Grundlage in den größeren Abteilungen der Volkswirtschaft[7] aufzuweisen. Diese Gründe liegen vor allem in den erforderlichen, durchschnittlich vorgegebenen Auflagemengen der betrieblichen Programmartikel. Sie liegen weiter in den Fertigungsverfahren, zu denen diese überlieferten Auflagemengen zwingen.

Aus diesen Voraussetzungen ergeben sich auch die mehr oder minder großen Möglichkeiten der Kostenlenkung und Kostensenkung. Die nachfolgenden, sehr allgemein gehaltenen Gesichtspunkte genügen allerdings für die Verwertung in der praktischen Preisrechnung noch nicht. Zu ihnen sind in den einzelnen Wirtschaftszweigen weitere Sonderuntersuchungen nötig. Zum mindesten müssen diese, unter Benutzung der hier gegebenen Anregungen, in den Betrieben selbst durchgeführt werden. Letzthin ist die Anwendung der Preisrechnung, auch der Dynamischen Preisrechnung mit der Eigenart des einzelnen Betriebes verbunden. Sie hängt von seinem meist sehr individuellen, konkreten Leistungsprogramm ab.

Am wichtigsten ist die Durchführung der Dynamischen Preisrechnung in der *montanen Urproduktion,* weil von dieser die größte Breitenwirkung der multiplen-sekundären Kostensenkung in der Industrie ausgehen würde. Entgegen den rein politisch hervorgerufenen Rüstungsauftrieben, die spekulativer Art sind und die Preise montaner Urerzeugnisse erhöhen, ist eine einmal eingetretene montane Kostensenkung auch beständig. Sie wirkt sich, wenn sie zur dynamischen, umsatzvermehrenden und gewinnerhöhenden Preissenkung führt, auch in den Preisen der Halbstoffe aus.

Auch in der montanen Urproduktion läßt sich die Dynamische Preissenkung durchführen, weil jene sich auf Massenartikel, große Mengen der Einzelwaren erstreckt. Es handelt sich hier vor allem um die Preissenkung auf der Grundlage der primären Kostensenkung, während die einfache-sekundäre Kostensenkung wenigstens in den Bergbaubetrieben von den besonderen und wechselnden Bedingungen ihrer naturgegebenen Produktion abhängt. In erster Linie steht die Kostenentwicklung der Urproduktion auch bei einer zunehmenden Beschäftigung der Betriebe unter dem Einfluß der Fertigungsverfahren. Deren Rationalisierung ist das Hauptmittel der Kostensenkung durch die Produktivitätserhöhung auch in den bergwirtschaftlichen Betrieben. Die Produktivitätserhöhung kann unter normalen Absatzverhältnissen nur durch die Kostensenkung zum Zuge kommen. Die Produktivitätserhöhung drängt zur Umsatzvermehrung, weil sie durch diese allein gerechtfertigt wird. Eine langfristig anhaltende Produktion auf Lager wirkt auch in der Urproduktion, z. B. durch verdoppelte Ladearbeiten, kostenerhöhend und läßt sich nicht aufrecht erhalten.

Die Erhöhung der Ausbringung der Produktionsstellen durch eine extensive, additive Vermehrung der Produktionskapazitäten legt dem Betrieb

---

[7] Im Sinne der volkswirtschaftlichen Statistik: Grundstoffindustrie, Landwirtschaft, Investitionsgüterindustrie, Handwerk, Handel usw.

allerdings einen geringeren Zwang auf als ihre intensive Vermehrung in der Form der Erhöhung der Kapazitäten mittels weiterer Rationalisierungen der Produktionseinrichtungen. Deren höherer Nutzungsgrad muß durchgehalten werden. Jene dagegen bietet den Vorteil, daß der Betrieb sie leichter fallen lassen kann. Dafür nimmt er unter Umständen auch eine progressive Kostenerhöhung hin. Ein gesamtwirtschaftlicher Fortschritt, eine sich festigende Umsatzvermehrung läßt sich jedoch nur durch die Rationalisierung mit anschließender Kosten- und Preissenkung erreichen. Nur diese wirkt sich auch von der montanen Urproduktion her über die sekundäre Kostensenkung der übrigen Wirtschaftsabteilungen in Preissenkungen und Umsatzvermehrungen bis zum Konsum hin aus. Nur die preislich genutzte Rationalisierung erhöht als dynamisches Mittel die Renditen aller Betriebsstufen.

Kosten- und Preissenkungen und ihnen folgende relative Umsatzvermehrungen[8] innerhalb der Investitionsgüterindustrie wirken ihrerseits als sekundäre Kostensenkungen auf die Urproduktionsbetriebe ein, soweit sie zu dynamischen Preissenkungen führen. Erwägungen darüber, welche der großen Wirtschaftsabteilungen in der Rationalisierung und den sich aus ihr ergebenden Kosten- und Preissenkungen vorangehen sollten, sind abwegig. Sie zeigen nur, daß das Wesen der betriebsgebundenen Dynamischen Kosten- und Preisrechnung noch nicht erkannt wird. Kein Betrieb ist darauf angewiesen, zu warten, bis andere Wirtschaftszweige ihm die *Möglichkeit der sekundären Kosten- und Preissenkung* bieten. Jeder an sich mit einer dynamischen Massenerzeugung tätige Betrieb kann den *Weg der primären Kosten- und Preissenkung* selbst beschreiten. Auf deren Nutzung kommt es in erster Linie an!

Es kommt aber auch darauf an, daß die montanen Urproduktionsbetriebe durch die Benutzung des dynamischen Weges zu ihrer Renditenerhöhung zugleich ihren entscheidenden Beitrag zur gesamtwirtschaftlichen Weiterentwicklung, zur allgemeinen verstärkten und gefestigten Umsatzvermehrung der Volkswirtschaft leisten. Das ist nur möglich, wenn ihnen radikal jeder Kartellschutz für Preisüberhöhungen entzogen wird, wenn sie aus eigener Einsicht in ihre Vorteilsverbesserung selbst dazu übergehen, auf ihn zu verzichten, oder wenn die Kartelle die einschlägigen produktiveren Maßnahmen treffen. Die unverzügliche Verwertung niedriger Kostenstände und aller Kostensenkungen zur Preissenkung ist für jeden Betrieb mit dynamischen Produktionsbedingungen, wie sie fast jede montane Urproduktion aufweist, das beste Mittel zur Gewinnerhöhung[9].

---

[8] Je Kopf der Arbeitstätigen und im Verhältnis zu den Kapitalanlagen, infolge der gestiegenen Produktivität.

[9] Zu den einschlägigen Fragen siehe: *Große-Mommsen-Wessels:* Der Wettbewerb in der Grundstoffindustrie (in Lebendige Wirtschaft, Veröffentlichungen d. Volksw. Gesellschaft e. V., Bd. 2, 2. unveränderte Aufl., Darmstadt, 1954).

In der *Landwirtschaft* unterscheiden sich die Produktionsverfahren weitgehend von denen der industriellen und handwerklichen Tätigkeit. Sie hängen zuerst von der Bodenverteilung und Größe, von der Klimalage und Lage der Landwirtschaftsbetriebe zum Markte ab. Auch die Bodenklassen und die räumliche Verteilung der den einzelnen Gutsbetrieben zugehörigen Bodenstücke: die Geschlossenheit oder Gemengelage des Bodenbesitzes gehören zu den einflußreichen Bedingungen der landwirtschaftlichen Produktion und ihrer Verfahren. Alle diese Bedingungen bestimmen die Anbaukulturen: Getreidebau, Feldgemüse- und Hackfruchtbau, Weidelandschaft und Grünfutteranbau, Obstkultur und Gärtnereikultur u. a. m.

Rationalisierungs-Maßnahmen der Landwirtschaftsbetriebe, also vor allem der Grad und die Art der Anwendung von Saat-, Boden- und Fruchtpflege- sowie Erntemaschinen hängen ebenfalls weitgehend von den angeführten Faktoren ab. Sie hängen ab von den Bodenqualitäten, der Bodenverteilung, den Betriebsgrößen und den speziellen Anbaukulturen. Sie verbessern die Produktionsverfahren. In der Industrie hängen die Betriebsgrößen vorwiegend von den Artikeln der Fertigungsprogramme und den für ihre Durchführung erforderlichen Fertigungsverfahren ab. In der Landwirtschaft bestimmen dagegen die überlieferten Betriebsgrößen ihrerseits weitgehend die Produktionsprogramme und -verfahren. Maschinenarbeit und Handarbeit treten deshalb in der Landwirtschaft je nach der Wahl der Anbaukulturen und gemäß den Betriebsgrößen in verschiedenem Maße verbunden auf. Die maschinelle Massenerzeugung agrarer Güter und ihre gewissermaßen „handwerkliche" Kleinerzeugung kommen – je nach der Betriebsgröße – teils in reiner Form nebeneinander oder gekoppelt im einzelnen Agrarbetriebe vor.

Aus diesem Grunde wäre die Anwendung der Dynamischen Preisrechnung in vielen, vor allem den größeren Landwirtschaftsbetrieben grundsätzlich auch in den westeuropäischen Industrieländern möglich. Allerdings ist die Möglichkeit der Umsatzvermehrung bei Agrarerzeugnissen infolge des begrenzteren Bedarfs der Bevölkerung, wenigstens bei agraren Lebensmitteln, etwas beschränkter als bei den konsumtiven Gebrauchsgütern industrieller Herkunft. Für die Mehrzahl der bäuerlichen Mittel- und Kleinbetriebe ist die Statische Preisrechnung bei ihren weniger rationalen Produktionsverfahren und geringeren Produktionsmengen das normale Mittel der Preisgestaltung. Da außer den landwirtschaftlichen Großbetrieben sich auch die vielen Mittel- und Kleinbetriebe in den alten Industrievolkswirtschaften in weitem Umfange mit denselben Anbaukulturen befassen, hat die Anwendung der Dynamischen Preisrechnung beim Umsatz der Agrarprodukte dort engere Grenzen. Immerhin kann sie, soweit sie möglich ist, und je weiter sie möglich wird, die Marktpreise für den Großhandel und Einzelhandel wesentlich senken.

Solange überhaupt noch ein ungedeckter Bedarf an Lebensmitteln in einer Volkswirtschaft herrscht, läßt sich die Nachfrage nach ihnen bei einem steigenden Angebot durch Stärkung der Nachfrage-Kaufkräfte mittels entsprechender Preissenkungen vermehren. Das geschieht durch die übliche Senkung der Marktpreise nach dem Gesetz von Angebot und Nachfrage. Die Dynamische Preisrechnung kann jedoch nur bei einem dauernd sehr großen oder zunehmenden Bedarf wirksam werden, dem eine Ausdehnungsfähigkeit des Beschäftigungsgrades und der Produktionskapazität der Angebotsbetriebe entspricht. Diese ist in der europäischen Landwirtschaft nur durch eine Erhöhung der Produktivität möglich, während z. B. die nordamerikanische einen Produktivitätsgrad erreichte, der die Umsatzfähigkeit bei der begrenzten und wenig steigerbaren Nachfrage bereits überschreitet. Erst mittels einer durchgreifenden Rationalisierung der europäischen Landwirtschaft läßt sich die Dynamische Preisrechnung für die einschlägigen Erzeugnisse in weiterem Umfange anwenden.

Die einfache sekundäre Kostensenkung[10] kann aus verschiedenen Gründen in Landwirtschaftsbetrieben nicht auftreten. Sie weisen keinen räumlich und zeitlich geschlossenen Produktionszyklus auf wie die Fabriken der Massenproduktion mit ihren Fertigungsverfahren. Die agraren Produktionsverfahren organisieren nur die Produktion der Natur. Auch würde der begrenztere Bedarf an Agrarprodukten die Umsatzvermehrung bis zu einem Optimum des Beschäftigungsgrades ausschließen.

Die Produktivität der landwirtschaftlichen Betriebe hängt außerdem noch von den Wetterverhältnissen ab. Sie unterliegt natürlichen Schwankungen, denen Preisschwankungen folgen. Bei verschiedenen Agrarerzeugnissen, die mehr Genußmittel als Ernährungsmittel sind, oder die leichter dem Verderb unterliegen, besonders bei den saisonmäßig anfallenden Gemüse- und Obsternten, sowie bei zahlreichen Genußmitteln wie Tee, Kaffee, Kakao lassen sich durch Preissenkungen erhebliche Umsatzvermehrungen erzielen. Auch dieser Vorgang wirkt sich jedoch häufiger durch die Senkung der Marktpreise aus[11]. Er vollzieht sich nicht nur durch Erwägungen der Dynamischen Kosten- und Preisrechnung, weil er gewöhnlich durch reichlichere Ernteausfälle veranlaßt wird.

Preissenkungen auf der Grundlage von Kostensenkungen in Inlandsbetrieben sind bei freiem Wettbewerb und im Rahmen des Ausgleichs internationaler Kostendisparitäten[12] auch über die Bildung der Marktpreise möglich. Bei den angegebenen Agrarwaren führte auch diese Art der Preissenkung – periodisch und wiederholt – infolge der Stärkung der

[10] Im Gegensatz zu der auch in ihnen wirksamen multiplen-sekundären.

[11] In einer besonders gesteigerten Art z. B. bei den Bananen-Versteigerungen von Einzelhändlern in den Großstädten.

[12] Durch Schutzzölle, die bei Agrarerzeugnissen notwendiger sind als bei den meisten Industriewaren.

Kaufkräfte der Verbraucher zur Umsatzvermehrung und Erhöhung der absoluten Betriebsgewinne. In den Altvolkswirtschaften der Europäischen Wirtschaftsgemeinschaft (EWG) werden die Agrarreformen in vielen größeren und mittleren Landwirtschaftsbetrieben jedoch durch Rationalisierungen die Voraussetzungen für eine allgemeine und dauerhafte Senkung der Erzeugungskosten und des Preisstandes der Agrarerzeugnisse schaffen. In den bäuerlichen Kleinbetrieben sind solche Rationalisierungen allerdings nur in geringem Umfange möglich.

Eine dynamische Eigenschaft wird die westeuropäische Agrarerzeugung als Ganzes durch die Agrarreformen nicht erhalten. Eine solche liegt nur im Rahmen einer wiederholten, beständigen und starken, durch eine entsprechende Nachfrage-Vermehrung begründeten Rationalisierung, Kostensenkung und Angebotserhöhung vor. Sogar in den USA besteht eine derartige Voraussetzung auf der Nachfrageseite kaum. Allenfalls könnte sie in einigen unterentwickelten Ländern mit einer bodenextensiven Landwirtschaft, größeren unerschlossenen Bodenflächen und einer starken Übervölkerung verhanden sein.

Die *Bedingungen der Fertigung* in der *Investitionsgüterindustrie*[13] und der *Konsumgüterindustrie* wurden als Hauptteil der neuzeitlichen industriealisierten Warenerzeugung bezüglich ihres Verhältnisses zur Dynamischen Preisrechnung und Statischen Preisrechnung schon behandelt. Zahlreiche Güter der gehobenen Industrieerzeugung von Fertigwaren sind Hilfsmittel in den Wirtschaftsbetrieben und in wissenschaftlichen Instituten. In anderer Gestalt und mit anderer Zwecksetzung sind manche von ihnen auch Mittel des privaten Konsums: der Haushaltsversorgung, der Körperpflege, Erholung und Unterhaltung. Sie sind also in der einen Form Investitionsgüter, in der anderen Form Konsumgüter. Das gilt z. B. für eine Reihe von Maschinen und Geräten. Das gilt besonders auch für Bücher und andere Verlagsgegenstände verschiedener Gattung.

Unabhängig von ihrem produktiven oder konsumtiven Zweck sind die einzelnen Waren dieser Fertigungsbereiche teilweise echte Massenerzeugnisse, teilweise aber Artikel der Kleinserienfertigung. Sie unterliegen demnach der Dynamischen Preisrechnung oder der Statischen Preisrechnung.

Eines besonderen Hinweises bedürfen die in der Industrie, gegenüber den Großhandels- oder Einzelhandelsbetrieben üblichen Konditionsformen der *Rabatte*. Diese treten besonders beim Vertrieb von Massenerzeugnissen auf und sind als einkalkulierte Ertragsminderungen auch Kostenfaktoren. Ihre Hauptformen sind die Mengenrabatte und die Treurabatte[14].

---

[13] Diese stellt zum Teil auch Konsumgüter: konsumtive Auflagegüter her, z. B. Haushaltsmaschinen.

[14] Beide sind von den teilweise auch als „Rabatte" bezeichneten Großhandels-Einkaufs-Verkaufsspannen zu unterscheiden, die auf die Verkaufspreise bezogen werden.

Die Mengenrabatte sind auch durch zusätzliche Verpackungs-, Versand- und Vertriebsspesen, also zusätzliche Kostenanteile begründet. Diese erhöhen die Preise der Kleinmengenumsätze an sich schon. Außerdem werden den Kosten der Kleinmengenumsätze noch die umgelegten Rabatt-Kostenanteile der Großmengenumsätze zugerechnet. Auf diese Weise werden die Kleinmengenpreise überhöht und die Großmengenpreise stärker gesenkt.

Diesem Rabattverfahren liegt die Überzeugung zugrunde, daß Preisbegünstigungen, also gesenkte Preise zu Umsatzvermehrungen führen, weil sie einen Anreiz zu diesen bieten. Allerdings fließen die Rabatte vielfach nicht den letzten Verbrauchern, sondern den Handelsbetrieben zu, weil diese sie nicht weitergeben müssen oder bei vielen Markenartikeln sogar nicht weitergeben dürfen. Diese Mengenrabatte stellen also letzthin Verkaufsprämien dar. Sie haben zwar mit dem Prinzip der Dynamischen Preisrechnung eine Ähnlichkeit. Das Prinzip der Umsatzerhöhung ist aber bei dieser Art der Mengenrabatte händlerisch-wettbewerblich und nicht industriewirtschaftlich-dynamisch aufgefaßt. Kostensenkungen werden mit den Mengenrabatten und anderen Rabattarten nicht weitergegeben. Immerhin hebt sich das Rabattsystem durch die Rabattberechnung aus dem Willkürbereich einer echten „Preispolitik" heraus.

Falls die Mengenrabatte in den Abfüllmengen von Markenartikel-Packungen berücksichtigt sind, kommen sie jedoch den letzten Verbrauchern, den Konsumenten zugute. In dieser Form stellen sie eine stärkere Annäherung an die Dynamische Preisrechnung dar. Kostensenkungen werden mit dieser Art der Mengenrabatte ebenfalls nicht weitergegeben[15].

Auch viele *Handwerksbetriebe* einschließlich der handwerklichen Dienstleistungsbetriebe führen mit industriebetrieblichen maschinellen Hilfsmitteln Massenleistungen aus. In allen Fällen einer solchen Arbeitsweise ist die Anwendung der Dynamischen Preisrechnung angebracht. Überkapazitäten erhöhen zwar die fixen Kosten, verhindern aber die relative Preissenkung zur Umsatzvermehrung weniger als Innungspreise.

Soweit Handwerksbetriebe eine Großserienfertigung betreiben, können sie die Dynamische Preisrechnung jedenfalls benutzen. Es ist dabei nicht ausschlaggebend, ob sie die Artikel ihrer Großserienfertigung unmittelbar an den Einzelhandel oder an den Großhandel abgeben, oder ob sie Industriebetriebe zur Weiterverarbeitung und Montage mit ihnen beliefern. Sinnvoller wird die Dynamische Preisrechnung allerdings in Handwerksbetrieben angewandt, wenn diese die von ihnen hergestellten Artikel unmittelbar an ihre eigentlichen Verbraucher, also Industriebetriebe oder

---

15 Mengenrabatte werden auch von den Verkehrsbetrieben in der Form der Dauerkarten sowie mit den meisten Abonnementsverfahren gegeben. Siehe zur Rabattfrage auch im Kapitel VII, 4 über Preisbindung und Handelsspanne, besonders Anmerkung 21.

Konsumenten absetzen. Nur in diesem Falle liegt die dynamische Umsatzgestaltung bei den handwerklichen Herstellern der betreffenden Waren.

Das Schwergewicht der handwerklichen Herstellung haben nicht die Massenerzeugnisse der Zulieferung an Industrie- und Handelsbetriebe, sondern Kleinmengen von Konsumartikeln, vor allem aber Waren der Einzelfertigung – Maß- und Modellartikel – sowie Reparaturarbeiten. Für die Mehrzahl der Waren erzeugenden Handwerksbetriebe ist deshalb die Statische Preisrechnung die sinngemäße Form der Preisgestaltung.

Von besonderer Eigenart sind die Fertigungsbedingungen der *Bauindustrie*. Nicht die Größe des Bedarfs und der Nachfrage sowie die hier verfügbaren maschinellen Hilfsmittel bestimmen die Fertigungsverfahren der Bauindustrie, sondern die gewählten Baustoffe, deren Hauptteil immer noch aus Bausteinen besteht. Mit der Ausnahme des reinen Stahlbetonbaus herrscht deshalb in der Bauindustrie noch weitgehend das Verfahren der Einzelfertigung. Nicht die individuellen und vielfach sehr fortschrittlichen, dem Bausteinverfahren fremden Entwürfe der Architekten zwingen zu dieser veralteten, handwerklichen Art der Herstellung von Gebäuden. Im wesentlichen verursacht sie der uralte, auf die frühesten Geschichtszeiten der Menschheit zurückgehende Ziegelbau und seine Fortsetzung im Kunststeinbau.

Gehobene arbeitstechnische Verfahren und maschinelle Hilfsmittel können das Steinbauverfahren nicht wesentlich rationalisieren. Es erfordert einen umfassenden Einsatz handwerklicher Arbeiten und handwerklicher Zulieferungen. Diese treiben zwar den Güterkreislauf an, solange die Industrieerzeugung vorwiegend mit der Statischen Preisrechnung und ihrer schwachen Kostenlenkung wirkt. Gegenüber den Verfahren der neuzeitlichen industriellen Massenfertigung ist das Steinbauverfahren jedoch veraltet. Es hält sich nur, weil der Betonbau in der Rationalität seiner Verfahren, also fertigungstechnisch und damit auch kostenmäßig noch ungenügend entwickelt ist. Auch in diesem wirkt die individualisierende Handarbeit noch als entscheidender Faktor.

Der Forderung der industriellen Massenfertigung genügt außer dem wahrscheinlich entwicklungsfähigen Betonbau nur der Montagebau, der verschiedene spezielle Bauarbeiten, z. B. im Stahlbau schon beherrscht[16]. Im Wohnungsbau muß sich das Montagebauverfahren, unter Benutzung großer Bau-Fertigteile, erst noch durchsetzen. Der zunehmende Übergang zum Wohnungs-Montagebau würde auch die Betriebe der allgemeinen Bauindustrie zu Montagebetrieben machen. Er würde der Dynamischen Kosten- und Preisrechnung in ihnen den Boden bereiten.

Erst im Montage-Wohnungsbau und in einem fortgeschrittenen Beton-Gebäudebau kann die primäre Kostensenkung bei gleicher oder überlegener Qualität der Ware „Haus" zur Durchsetzung einer dynamischen Ko-

---

[16] u. a. im Brückenbau und in der Verlegung von Überlandleitungen.

sten- und Preisrechnung führen. Nur in diesem Rahmen industriegemäßer Fertigungsverfahren können die Leistungen des Gebäudebaus allmählich ganz aus der Warengruppe 5 in die Warengruppe 2, die Gruppe der industriellen Massenartikel übergehen. Erst dann können sie aus dem Bereich der Statischen Preisrechnung ausscheiden.

Die Transportleistungen der *Verkehrsbetriebe* sind überwiegend Leistungen der Massenerzeugung von Diensten. Das gilt sowohl für die Verkehrsbetriebe der öffentlichen Hand wie für die meisten Privatbetriebe des Verkehrswesens. Gewiß unterliegen alle Verkehrsleistungen den volkswirtschaftlichen Gesichtspunkten der Bedarfsdeckung. Nicht die Rentabilität der Einzelleistungen auf den einzelnen Strecken und in jeder Zeitspanne ist für die Preise der Verkehrsleistungen maßgebend, sondern die Gesamtrentabilität. Viele Einzelleistungen müssen von den Verkehrsbetrieben auf Verlustkonto geboten werden, um eine gleichmäßige Deckung der schwankenden Nachfrage zu sichern, die jedem ihrer Benutzer jederzeit zugute kommt. Außerdem spielt die Deckung eines verborgenen Bedarfs, seine Verwandlung in eine offene Nachfrage bei der Preisfestsetzung der Verkehrstarife eine ebenso große Rolle wie die Anpassung an die Kaufkräfte der Nachfragenden. Das gilt bekanntlich sowohl für den Frachtverkehr wie für den Personenverkehr. Zur Hebung des Gesamtumsatzes an Verkehrsleistungen dient auch die Preisdifferenzierung nach Gütern, Beförderungsarten und Strecken.

Die grundsätzliche Anpassung der Verkehrstarife an die Kaufkräfte der Nachfragenden zeigt, daß die Umsatzvermehrung im Sinne der Dynamischen Preisrechnung seit ganzen Geschlechterfolgen im Verkehrswesen üblich ist. Die ruhmvolle Entwicklung der Verkehrseinrichtungen aller Länder dürfte nicht zuletzt auf dieser Tatsache beruhen. Hier erweist sich ebenfalls die schon mehrfach hervorgehobene Erscheinung, daß die Dynamische Preisrechnung zwar als Begriff und erkanntes grundsätzliches Verfahren nicht besteht, daß sie aber unter Bedingungen, die sie besonders nahelegen, weitgehend angewendet wurde und angewendet wird.

Die Verkehrsbetriebe müssen wohl zusätzliche Gemeinkosten tragen, besonders die erwähnten Kostenzuschüsse zur Deckung des Defizits an ertragsarmen Strecken und zu ertragsarmen Zeiten. Andererseits gibt es nur wenige Wirtschaftszweige, die in gleicher fortschrittlicher Weise mit den Mitteln der technischen und organisatorischen Rationalisierung die primäre Kostensenkung betreiben. Ob diese als allgemeine Preissenkung immer in ausreichender Weise in den Verkehrstarifen zur Geltung kam, mag unbeantwortet bleiben. Im ganzen ist die Sekundärwirkung des maßvollen verkehrswirtschaftlichen Preisstandes, besonders im deutschen Eisenbahn-Fernverkehr stark und kommt der gesamten Volkswirtschaft zugute. Kostensenkung durch Kostenlenkung war von jeher der leitende Beweggrund der Betriebsführung in den maßgebenden großen Verkehrsunternehmungen.

4. Anwendbarkeit der Dynamischen Preisrechnung in den wichtigsten Zweigen des Warenhandels und des Dienstleistungshandels

Der selbständige *Großhandel* kann die in Industriebetrieben mit der Dynamischen Preisrechnung ermittelten Preise beim Vertrieb aller Waren, die ihr unterliegen, übernehmen. Er muß dies tun, weil ihm anderenfalls – d. h. bei dem Versuch, die industrielle Preissenkung zur eigenen, schnell vorübergehenden Gewinnüberhöhung auf dem Markte zu nutzen, – die Vorteile der Preissenkung: die Umsatzvermehrung und kontinuierliche Gewinnerhöhung nicht zufließen. Schon der bloße Zuschlag der üblichen Großhandelsspanne zu den gesenkten Einkaufspreisen führt dagegen zu einer dynamischen Preissenkung auf der folgenden Umsatzstufe zum Einzelhandel.

Infolge des zwischen seinen Betrieben herrschenden Wettbewerbs kann sich der Großhandel gegen die dynamische Weiterberechnung der Preissenkungen auch nicht sperren. Notwendig ist allerdings, daß kartellgebundene – alte oder neue – Abreden, die auf einen Verzehr der industriellen Preissenkungen durch großhändlerische Übergewinne hinauslaufen, ausgeschaltet werden. Auch können die Industriebetriebe, welche die preisgesenkten Waren verkaufen, die Einhaltung der sekundären Preissenkung, sowie überhaupt die Handelszuschläge zu den Herstellerpreisen vertraglich vereinbaren und kontrollieren[17]. Die betreffenden Industriebetriebe müssen es allerdings erzwingen, daß ihre primären Preissenkungen den letzten Verbrauchern ihrer erzeugten Waren zukommen. Anderenfalls wären diese Preissenkungen überflüssig und würden per saldo zu Gewinnentziehungen für sie führen.

Schon *Vershofen* hob neben der beschränkteren Kartellierbarkeit der weiterverarbeitenden Industrie die ausgedehntere der Nachfrageseite, d. h. der Handelsunternehmungen hervor[18]. Tatsächlich sind diese größtenteils kartellgebunden. Ihre Kartellbindung ist zum mindesten in der Anwendung der Kalkulations- und Preisbildungsverfahren sowie der Konditionen sehr wirksam. Für die Großhandels-Belieferung mit dynamisch preisgesenkten Waren sind also genaueste Vertragsbedingungen der Industriebetriebe erforderlich. Am zweckmäßigsten dürften die preisbindenden Verträge mit den einzelnen Käuferbetrieben abgeschlossen werden, um etwaige Außenseiter-Betriebe des Großhandels mit zu erfassen. Diese müssen u. a. die Groß- und Einzelhandelszuschläge[19] einschließlich aller Werbe- und Vertriebskosten regeln oder sogar die Einzelhandels-Abgabepreise anführen.

---

[17] Durch eine Revisionsklausel und Stichprobenüberwachung.

[18] *Vershofen,* Wilhelm: Die Marktverbände (Nürnberg, 1928), S. 40 ff., bes. S. 45, 46.

[19] Die Nettogewinnzuschläge. Siehe dazu u. a. *Kosiol,* Erich: Kalkulation und Kostengestaltung im Warenhandel, 1. Bd. (Grundlagen der Warenkalkulation) (Stuttgart, 1931), S. 69 ff. und 2. Bd. Gestaltung der Kalkulation und Kosten im

Um die dynamische Preissenkung von Fabriken nicht nur weiterzugeben, sondern um sie noch zu verstärken, müßten die Großhandelsbetriebe eigene Maßnahmen der zusätzlichen primären Preissenkung treffen. Bei einem steigenden Umsatz lassen sich ihre Regiekosten, und mit diesen die Großhandelszuschläge zu den Einkaufspreisen[20], dazu etwas senken. Dabei würde sich für die betreffenden Großhandelsbetriebe ebenfalls ein höherer Gewinn ergeben, zumal da sie sich – im Gegensatz zu verschiedenen Teilen der Industrie und fast allen Einzelhandelsbetrieben – vorwiegend mit dem Vertrieb echter Massenartikel befassen.

Der selbständige *Einzelhandel* kann die primäre dynamische Preissenkung der Industriebetriebe für die ihr unterworfenen Waren ebenfalls übernehmen und als neue Kostengrundlage in die sekundäre Preissenkung verwandeln. Dabei ist es nebensächlich, ob ein Einzelhandelsbetrieb die einschlägigen Waren unmittelbar von Fabriken oder von Großhandelsbetrieben übernimmt. Die Preissenkung muß schließlich bei allen durch den Einzelhandel umgesetzten Waren, vor allem also bei allen Konsumartikeln ordnungsgemäß zum Zuge kommen. Ihre Vorteile fließen durch die Umsatzvermehrung dem Einzelhandel anteilig zu.

Industriebetriebe, die unter Anwendung der Dynamischen Preisrechnung ihre Preise senken, können es sich nicht zumuten, ihre eigenen Anstrengungen zur Umsatzerhöhung seitens selbständiger Einzelhandelsbetriebe mittels Gewinnüberhöhungen bremsen zu lassen. Sie müssen sich deshalb die Weitergabe ihrer eigenen, dynamisch erzielten Preissenkungen auch bei den unmittelbaren Belieferungen von Einzelhandelsbetrieben in ihren Verkaufsverträgen sichern und ihre Einhaltung überwachen[21]. Kartellabreden, die solchen Verträgen entgegenstehen, werden durch die wettbewerbliche Überlegenheit der preisgesenkten Waren leicht gebrochen, weil anderenfalls die Außenseiter-Betriebe diese erringen.

Mit einem starken Vordringen kann die dynamische Preissenkung den Einzelhandelsbetrieben, soweit sie an dieser mitwirken, sogar besonders große Vorteile bieten. Die durch die Preissenkung eintretende Umsatzvermehrung beseitigt ihren umfangreichen Leerlauf. Hier treten also auch für den Einzelhandel keine neuen wirtschaftspolitischen, wohl aber neue und aussichtsreiche betriebswirtschaftliche Aufgaben in Erscheinung. Auch die primäre Preissenkung durch die Senkung der Einzelhandelsspannen rückt mit der Zunahme der Umsätze bei vielen Einzelhandelsbetrieben dann in den Bereich der Möglichkeit.

Warenhandel (Stuttgart, 1932), bes. S. 1–38. Ferner *Mellerowicz,* Konrad: a.a.O., Bd. II,2, S. 347, 348 ff. Kalkulation in Handelsbetrieben . . .

[20] bzw. die Eigenrabatte von den Verkaufspreisen.

[21] Siehe dazu auch die Preisbindung bei Markenartikeln: *Mellerowicz,* Konrad: Markenartikel – Die ökonomischen Gesetze ihrer Preisbildung und Preisbindung. (München und Berlin, 1955), S. 53 ff. und *Hoppmann,* Erich: Vertikale Preisbindung und Handel (Berlin, 1957) S. 11 ff. und 47 ff.

Große Einzelhandelsunternehmungen gehören ohnehin in zunehmendem Maße zu den Antreibern der händlerischen Kostensenkung und deren Verwertung zur Preissenkung und Umsatzvermehrung. Sie haben herausgefunden, daß sie alle zusammen gerade durch ihren gründlichen Wettbewerb ihre Umsätze und Gewinne wesentlich vermehren. Auch die übrigen, selbst nicht mitziehenden Einzelhandelsbetriebe pflegen dabei noch Vorteile aus dem Laufkundenverkehr zu erzielen. Die berühmte „zentrale Lage" verliert allerdings mit der allgemeinen Zunahme der Verkehrsmittel – z. B. in den Großstädten – ihre einst entscheidende Bedeutung für die Mehrzahl der Einzelhandelsbetriebe. Die Dezentralisierung nimmt auch für die Standorte des Einzelhandels zu. Ihre Umsatzvermehrung hängt mehr von der für die kaufenden Verbraucher günstigen Preisgestaltung ab.

In der Auffindung neuer Verfahren der Kosten- und Preissenkung bei der Warenverteilung ist besonders der nordamerikanische Einzelhandel führend. Viele seiner Betriebe befinden sich auf dem Wege der Dynamischen Preisrechnung. Anders kann ihr Vorgehen nach seinen äußeren Merkmalen nicht begründet sein. Wahrscheinlich sind in vielen nordamerikanischen Einzelhandelsbetrieben schon weitgehendere Formen der Dynamischen Preisrechnung entwickelt worden, deren konkreter Aufbau nur aus Wettbewerbsgründen einstweilen geheimgehalten wird. Es sei nur darauf hingewiesen, daß es in den USA außer den allgemeinen und den Spezial-Warenhäusern[22] auch die Selbstbedienungsläden[23] gibt, die dort zuerst entstanden. Auch die zahlreichen großen Versandunternehmen einschließlich der Versandküchenbetriebe und andere, in den meisten Ländern fast unbekannte Betriebsformen[24] des Einzelhandels konnten in den USA ihre Riesenumsätze ständig vermehren. Sie alle erringen ihre Erfolge mit der Kosten- und Preissenkung.

Saisonpreise und Ausverkaufpreise sind ebensowenig wie die überlieferten und allgemein anerkannten Grundsätze der betrieblichen Kostenrechnung Hindernisse für die Anwendung der Dynamischen Preisrechnung. Die Saison- und Ausverkaufpreise bilden in allen einschlägigen Zweigen und Betrieben des Einzelhandels zwar keine unbedingte Voraussetzung, wohl aber eine Anknüpfungsgrundlage für diese. Die Verfahren ihrer Ermittlung werden durch die Dynamische Preisrechnung nur ergänzt und verfeinert. Saisonpreise – in der Regel erhöhte Preise – gibt es für alle Reise- und Gebrauchsartikel im Frühjahrs- und Herbst-Saisongeschäft, sowie für alle Waren im Weihnachtsgeschäft. Nur die Mehrzahl

[22] z. B. für Konfektion oder Haushaltsartikel.

[23] Supermarkets, Self-service-stores. Siehe dazu: *The Sales Managers Handbook* (6. Ed., edited by John Cameron Aspley, Chicago and London, 1951), p. 135 ff.

[24] Siehe ebendort: über die Auto-Shoppings, die Department-stores, die Chain-Stores and Mass-Distributors, das House-to-House-Selling u. a. m. p. 139, 140 ff., 150 ff., 164 ff.

der Lebensmittel unterliegt den bei allen wichtigeren Konsumgüter-Warengruppen üblichen Saison- und Ausverkaufspreisen nicht. Die herabgesetzten Ausverkaufspreise werden vorzugsweise bei Bekleidungsartikeln und Haushaltstextilien angewandt.

Saisonpreise und Ausverkaufspreise folgen dem Gesetz von Angebot und Nachfrage. Saisonzeiten sind bei sehr vielen Gebrauchsartikeln industrieller Herkunft die Zeiten der erhöhten Nachfrage. Bei allen natürlichen Lebensmitteln ist dagegen die Sommersaison die Zeit des erhöhten Angebots durch den zeitweise reichlichen Ernteanfall. Deshalb steigen in den Saisonzeiten der einschlägigen Industriewaren deren Preise, während die Preise der einschlägigen Lebensmittel in deren Saisonzeit sinken. Ausverkaufszeiten sind dagegen Zeiten der sinkenden Nachfrage nach den Industriewaren der Saisonzeiten. In ihnen sinken die Preise.

Sogar Kartelleinflüsse können diese in ihrem kleinen Rahmen unbedenklichen Wirkungen des an sich antidynamischen Gesetzes von Angebot und Nachfrage nur stören. Sie können diese nicht beseitigen. In dem Werbesystem der Saison- und Ausverkaufspreise kommt ebenso wie in den erwähnten anderen Systemen der fortschrittlichen Verkaufsgestaltung der Einzelhandelsbetriebe[25] schon das dynamische, kostensparende und nach besten Kräften preissenkende Betriebsverfahren zur Geltung. Es wird, vor allem in den Großbetrieben des Einzelhandels, im Rahmen einer gewissen Marktpreisbildung angewandt.

Die Dynamische Preisrechnung ist allen diesen Verfahren angepaßt. Sie bringt deren Prinzipien nur auf eine allgemeinere Formel. Sie ist also auch ein geeignetes Aufstockungsmittel zur zweckmäßigen umsatzfördernden Berechnung der Saisonpreise und Ausverkaufspreise. Bei einer zunehmenden Durchsetzung der Dynamischen Preisrechnung in den Industriebetrieben läßt sich deren Koppelung mit dem System der Saison- und Ausverkaufspreise des Einzelhandels nicht vermeiden.

Dem *Exporthandel,* der zum erheblichen Teile, besonders bei Konsumgütern von Großhandelsbetrieben durchgeführt wird, bietet die Dynamische Preisrechnung die stets erwünschte Gelegenheit zur Senkung der Exportpreise. Bisher erfolgen zusätzliche Preissenkungen für den Export – ob dieser unmittelbar durch Industriebetriebe oder durch den Großhandel stattfindet – auf künstliche Weise. Sie werden u. a. durch Preiserhöhungen bei den Umsätzen auf dem Binnenmarkte ausgeglichen. Derartige „Preisausgleiche" gelten, falls sie aggressive sind, als unzulässige Dumping-Maßnahmen. Sie werden jedoch in allen Industrieländern, je nach den Wirtschaftszweigen und der Art der umgesetzten Waren in verschiedenem Umfange angewandt.

[25] Selbstbedienungsläden usw.

Maßnahmen des Preisausgleichs zugunsten von Exportpreisen können aber nicht durchweg als unzulässige Dumping-Maßnahmen gelten. Sie können z. B. als Gegenmaßnahmen gegen Preisunterbietungen ausländischer Wettbewerber dienen, die auf einem sozial begründeten überlieferten niedrigen Kostenstande bei diesen beruhen, also auf erheblichen internationalen Kostendisparitäten[26]. Besonders niedrige Nominallöhne in jungen Industrieländern führen derartige Kostendisparitäten herbei. Das Gegendumping ist also in solchen Fällen ein bloßes Schutz- oder Abwehr-Dumping. Das gilt vor allem, wenn der sozialwirtschaftlich, leistungslos begründete niedrigere Kostenstand junger Industrieländer durch ein Lohndumping absichtlich herbeigeführt wurde.

Der Ausgleich internationaler Kostendisparitäten erfolgt bekanntlich außerdem durch Hochschutzzölle, die bei Industriewaren erhebliche Preiserhöhungen auf dem Binnenmarkte gestatten und dadurch, z. B. über den innerbetrieblichen Preisausgleich zu Exportpreissenkungen führen. Schutzzölle wirken keineswegs nur als Abwehrmittel junger Industrievolkswirtschaften gegen rationelle, leistungsbegründete niedrige Kostenstände alter Industrievolkswirtschaften. Sie können sich auch gegen unrationelle, leistungslose, sozialwirtschaftlich verursachte niedrige Kostenstände in den jungen Industrievolkswirtschaften richten. Sie ermöglichen – auf der rationellen oder der unrationellen Grundlage – ein Abwehrdumping, ebenso aber auch ein Angriffsdumping[27].

Auch Maßnahmen der unmittelbaren staatlichen Exportförderung, z. B. durch Ausfuhrvergütungen wirken zugunsten der Exportpreissenkungen. Sie erhöhen nur die Preise der betreffenden Waren auf dem Binnenmarkte nicht, belasten dafür aber durch die Inanspruchnahme von Steuermitteln den allgemeinen Kostenstand einer Volkswirtschaft[28].

Alle Protektionsmaßnahmen und Prohibitionsmaßnahmen im Außenhandel – unter den Prohibitionen besonders die Einfuhrkontingentierungen – öffnen dem eigenen Export die Tore und versperren sie den fremden Importen im eigenen Land. Infolge der Gegenmaßnahmen des Auslandes geschieht das mit mehr oder minder großem Erfolg. Alle staatlichen und die entsprechenden verbandlichen dirigistischen Mittel führen zu künstlichen Ertragserhöhungen in den Betrieben und erst mittelbar zu Exportpreissenkungen. Sie sollen ungünstige internationale Kostendisparitäten ausgleichen, und angemessene Bilanzgewinne und preisrechnerische Gewinnsätze im Export oder für Industriebetriebe mindestens im Gesamtumsatz sichern. Sie stehen deshalb als Vorgänge der Relativität der weltwirt-

---

[26] Diese wurden in der Theorie der komparativen Kosten formuliert. So u. a. von *Cassel*, Gustav: Theoretische Sozialökonomie (5. Aufl. Leipzig, 1932), S. 612.
[27] Man beachte auch die ähnliche Wirkung von Kartellpreisen, besonders der Exportkartelle und deren Zusammenhänge mit den Schutzzöllen.
[28] Besonders, wenn sie einen größeren Umfang annehmen.

schaftlichen Preisbildung im Gegensatz zu der natürlichen, absoluten Kosten- und Preissenkung durch Rationalisierungs-Maßnahmen, d. h. zur Dynamischen Preisrechnung.

Preissenkungen für den Weltmarkt erfolgen in erster Linie zur Erhaltung der Wettbewerbsfähigkeit. Exportpreissenkungen finden aber außerdem gelegentlich auch zur Umsatzvermehrung durch die Stärkung der Kaufkräfte der Nachfragenden statt. Die Dynamische Preisrechnung legt nahe, daß sie auch zu diesem Zwecke in zunehmendem Umfange Verwendung finden. Die Kaufkräfte in jungen Entwicklungsländern und besonders in den unterentwickelten Ländern sind viel zu schwach. Sie reagieren aber auf jede Preissenkung von Einfuhrwaren mit einer schnellen Erhöhung der Nachfrage. Hier ist also für die Umsatzvermehrung aller Industrieländer ein weiter nutzbarer Wirkungsbereich gegeben.

Das Bestreben, auf die Umsatzeinheiten möglichst hohe Gewinnsätze anzuwenden, um mutmaßlich dadurch höhere Gewinne zu erzielen, ist trotz der besonderen Preispflege auch im Export vorhanden. Höhere Weltmarktpreise verführen sogar leichter zur Statischen Preisrechnung als unterschiedliche Angebotspreise auf dem Binnenmarkt. Viele exportierende Betriebe wollen auf dem Auslandsmarkt nicht auf die Möglichkeit verzichten, höhere Preise zu erzielen, wenn diese sich gerade bietet. Sie denken daran, daß die Exportpreise ohnehin schon künstlich gesenkt sind und häufig neuen Bedrohungen unterliegen. Es reicht allerdings nicht aus, wenn ein Betrieb die bloße Wettbewerbsfähigkeit auf dem Weltmarkte erringt und sich dazu nach den Weltmarktpreisen richtet, um ihm auf lange Zeit zu einer beständigen Vermehrung der Exportumsätze und der mit ihr verbundenen beharrlichen Gewinnerhöhung zu verhelfen. Dazu kann nur die Einstellung auf die Dynamische Preisrechnung in allen exportierenden Betrieben, deren Waren ihre Anwendung zulassen, dienen.

Das natürliche dynamische Verfahren der Preissenkung erleichtert die Senkung der Exportpreise beträchtlich. Andererseits werden die künstlichen staatsdirigistischen Verfahren der Exportpreissenkung grundsätzlich durch die Anwendung der Dynamischen Preisrechnung, also auch für die sekundäre Preissenkung in den Großhandels-Exportbetrieben, nicht behindert. Allerdings können die dirigistischen Mittel durch die Dynamische Preisrechnung ihre Lebenswichtigkeit allmählich verlieren.

Es erscheint jedoch als unmöglich, daß ein zunehmender Übergang der Betriebe zur Dynamischen Preisrechnung in absehbarer Zeit das dirigistische System der Beeinflussung der Weltmarktpreise ganz überflüssig macht. Die natürlichen, entwicklungsbedingten und künstlich geförderten Kostendisparitäten auf dem Weltmarkte stehen dem entgegen. Zu ihrer Milderung und Verdrängung tragen vor allem außenwirtschaftspolitische Koordinierungs-Maßnahmen wie das General Agreement on Tariffs and

Trade (GATT) und die volkswirtschaftlichen Integrationen, z. B. die Europäische Wirtschaftsgemeinschaft (EWG) bei. Auch die zunehmenden privaten Kapitalexporte und die weltwirtschaftlichen Erschließungspläne[29] sowie die Tätigkeit der Weltbank erleichtern den Abbau der Anwendung des weltwirtschaftlichen Kampfsystems, das der marktwirtschaftliche Dirigismus besonders im Außenhandel schuf.

Die meisten Maßnahmen des weltwirtschaftlichen Dirigismus sind zwar durch die industriewirtschaftlichen Entwicklungsunterschiede der Volkswirtschaften entstanden oder durch sie verschärft worden[30]. Sie wurden aber durch die nachteiligen Folgen der verallgemeinerten Anwendung der Statischen Preisrechnung gefördert. Dirigistische Maßnahmen lassen sich, soweit sie jeweils noch erforderlich sind, auch mit der Dynamischen Preisrechnung der einschlägigen Betriebe verbinden. Der steigerungsfähige Umsatz aller industriellen Massenartikel erfordert deren Anwendung auch im weltwirtschaftlichen Rahmen. Die Dynamische Preisrechnung entspricht gerade der Dynamik der ausdehnungsbedürftigen Weltwirtschaft in hohem Maße.

Abschließend ist zum gesamten Warenhandel noch zu bemerken, daß jeder Großeinkauf die Verbilligung der Waren im Verkauf um so mehr erleichtert, als der Umsatz je Ware sich vermehrt. Ein ausgebautes Rabattsystem dürfte diesen Vorgang für alle der Dynamischen Preisrechnung zugänglichen Artikel der Massenerzeugung begünstigen[31].

Zum Bereich des Handels gehört auch das *Mietwohnungswesen*. In diesem wird eine Dienstleistung in der Form der vertraglichen Überlassung einer Ware umgesetzt. Die Preisbildung im Mietwohnungswesen wird, soweit sie nicht aus staatlichen, sozialen Gründen des Bevölkerungsschutzes in einer Zeit der Wohnungsknappheit staatlich geregelt ist, durch das Gesetz von Angebot und Nachfrage beherrscht. Das gilt wenigstens für alle Miethausbetriebe, die weder genossenschaftlichen, noch anderen gemeinnützigen Unternehmen gehören, sondern der unbeschränkten erwerbsmäßigen Gewinnerzielung dienen.

Da die primäre und sekundäre Preissenkung im Neubauwesen noch schwach entwickelt sind, wird die Miethöhe – abgesehen von dem örtlichen Wohnungsangebot und der örtlichen Wohnungsnachfrage – entscheidend nicht nur von den Bodenpreisen, sondern auch von den relativ hohen Baukosten bestimmt. Es ist natürlich, daß unter solchen Umständen in einer Zeit der durch Kriegsschäden verursachten Wohnungsknappheit

[29] z. B. der Colomboplan.

[30] Siehe *List*, Friedrich: Das Nationale System der Politischen Ökonomie (Fr. Lists Schriften, Reden und Briefe, Bd. VI, Berlin 1930, hrsg. v. Artur Sommer) u. a. S. 322 über den Begriff der industriellen Erziehung und die Douanengesetzgebung als ihr Mittel.

[31] Siehe dazu *Hirsch*, Julius und *Brandt*, Karl: Die Handelsspanne (Nr. 1 der Schriftenreihe Forschungsstelle für den Handel, Berlin, 1931) S. 35.

staatliche Eingriffe in der Form der Bewirtschaftung, Mietregulierung und Bau-Subventionierung im Mietwohnungswesen bestehen.

Auch wenn diese unvermeidbaren Nachwirkungen einer einst sehr ausgedehnten Wettbewerbsbeschränkung einmal aufhören, kommt die Anwendung der Dynamischen Preisrechnung zur Umsatzvermehrung und Gewinnerhöhung im Mietwohnungswesen nicht in Betracht. Wohnungsmieter haben in der Regel einen maximalen Wohnungsbedarf, der – einmal gedeckt – sich meist nicht mehr erweitert und auch bei einer Kaufkrafterhöhung nicht wesentlich zunimmt. Die Fälle der unvollständigen Bedarfsdeckung an Wohnungsraum werden mit der Normalisierung des Wohnraummarktes geringer. Der individuelle Wohnraumbedarf ist relativ fix.

Die Heranziehung weiterer Mieterkreise für Neubauwohnungen fällt als anormale zeitabhängige Erscheinung in den Bereich der staatlichen Regulierung des Mietwohnungswesens. In Zeiten normaler Angebote an Mietwohnungsraum unterliegt die Deckung der Nachfrage aber der Marktpreisbildung und mit ihr der Statischen Preisrechnung. Schließlich tritt der Erwerb von Eigenheimen aus allgemeinen sozialen und staatspolitischen Gründen, also als Mittel der Senkung von Wohnungspreisen[32] zunehmend in Wettbewerb mit den Mietwohnungen. Die Umsatzbedingungen der Mietwohnungen entsprechen also in keiner Weise den Forderungen der Dynamischen Preisrechnung.

Zu den Handelsbetrieben im weiteren Sinne gehören auch die *Gaststätten- und Hotelbetriebe*[33], sowie die *Bank- und Individualversicherungsbetriebe*. Sie besitzen alle eine besondere, auf ihre spezifischen Leistungsarten zugeschnittene Kosten- und Leistungsrechnung.

Als Art der Kostensenkung kann die sekundäre im Gaststättengewerbe auftreten. Für die von weiteren eigenen Rationalisierungs-Maßnahmen abhängige primäre Kosten- und Preissenkung sowie für die Durchführung der sekundären Preissenkung ist in diesem Wirtschaftszweig vor allem der Wettbewerb in seiner gewohnten Form, d. h. ähnlich wie in der Landwirtschaft die Wirkung über die freien Marktpreise maßgebend. Bei dem Überwiegen der Nachfrage gegenüber dem Angebot an Zimmern hat die Anwendung der Dynamischen Preisrechnung in den Hauptzeiten der Nachfrage im Beherbergungsgewerbe an den meisten Orten sehr enge Grenzen. Der Leerlauf in der übrigen Zeit bringt die Progression der fixen Kosten zur Wirkung. Der Kostenausgleich erfolgt deshalb in den Zeiten der Vollbeschäftigung der Beherbergungs-Kapazitäten.

Die Heranziehung neuer Nachfrager-Schichten findet in diesem wenig industrieartigen Gewerbe ohnehin mit anderen Mitteln der Preisermäßi-

---

[32] Hypothekenzinszahlung anstelle von Mietentrichtungen.
[33] Die Beherbergungs- und Fremdenindustrie.

gung, besonders rabattartigen durch Verkehrsunternehmen statt[34]. Die Dynamische Preisrechnung kann also während der Hauptzeiten der Nachfrage, wegen der meist bestehenden Unterkapazitäten der Beherbergungsbetriebe, nicht zum Zuge kommen. Sie ist in diesem Wirtschaftszweig in der Regel kein geeignetes Mittel zur Gewinnerhöhung durch die Stärkung der Nachfrage-Kaufkräfte und die ihr folgende Umsatzvermehrung.

Dagegen ist die Umsatzvermehrung im reinen Gaststättengewerbe mittels Verbesserungen der wettbewerblichen Leistungen, d. h. durch reale Preissenkungen in großem Umfange möglich. Sie richtet sich – mit oder ohne Überkapazitäten – unmittelbar gegen die Wettbewerber. Sie zielt auch auf die Stärkung der Nachfrager-Kaufkräfte und auf die Heranziehung neuer Nachfrager-Schichten.

In den Bankbetrieben läßt sich die primäre Kostensenkung durch weitere zeitgemäße Rationalisierungs-Maßnahmen im Bürowesen anwenden. Ebenso lassen sich die Leistungen vieler Betriebe des Geld- und Kapitalmarktes durch die Senkung ihrer in Gebühren[35] und Aktivzinssätzen bestehenden Preise sowie durch die Erhöhung ihrer Passivzinssätze: mittels der Verwertung neuer Kostensenkungen wohl verbessern. Ob sich ihre Umsätze dadurch merklich vermehren lassen, ist aber zweifelhaft. Ihre Umsatzvermehrung vollzieht sich vielmehr durch die allgemeine Steigerung der Produktivität, welche durch die zunehmende Wirkung der Dynamischen Preisrechnung in den übrigen unmittelbarer produktiven Wirtschaftsteilen zustandekommt. Senkungen der Preise der Bankleistungen würden allerdings zur allgemeinen sekundären Kostensenkung in der Wirtschaft beitragen und dadurch auf die Umsatzvermehrung der Bankbetriebe zurückwirken[36].

In den Individualversicherungs-Betrieben bildet die ausgebaute Wagniskostenrechnung die Grundlage der gesamten Leistungsrechnung. Hier lassen sich Leistungssteigerungen und die zu ihnen gehörenden Prämiensenkungen nicht nur für den Wettbewerb, sondern auch zur Heranziehung und Heranbildung neuer Nachfragerschichten verwerten. Dieses Verfahren ist seit ganzen Geschlechterfolgen üblich. Auch bei Versicherungsbetrieben, die weder Rückvergütungsverträge abschließen, noch eine genossenschaftliche oder eine sonstige gemeinnützige Rechtsform besitzen, wird die Prämienberechnung vielfach im Sinne der Dynamischen Preisrechnung angewandt[37].

---

[34] In der Form von Pauschal-Reisetarifen und der Unterbringung der Reisenden in Vertragshotels.

[35] Bankspesen.

[36] Auf die Kosten und „Preise" der Bankkredite und der Bankkontenführung und die vielseitige spezielle Verflochtenheit dieses preisrechnerischen Bereichs mit der übrigen Volkswirtschaft kann hier nicht näher eingegangen werden.

[37] So gibt es z. B. Prämiensenkungen als Treu- und Solidaritätsrabatte in einzelnen Versicherungszweigen.

VIII. Tatsächliche und erwogene Wirkungen der dynamischen Preissenkung: Allgemeine Umsatzerhöhung durch preisliche Wettbewerbsverschärfung

1. Statistischer Nachweis des Zusammenhanges von Umsatzhöhen und Preisen

Die Dynamische Preisrechnung wird zwar auf der gegenwärtigen Entwicklungsstufe der marktwirtschaftlichen Industrieländer, besonders in Europa noch wenig durchgeführt, obwohl die Fertigungsverfahren in großem Umfange für ihre Anwendung reif sind. Dennoch besteht sie, auch ohne daß sie bisher ihren Namen fand, nicht nur in fortschrittlichen Großbetrieben für zahlreiche Industriewaren. Sie wurde für einzelne Warenarten zeitweise in allen Betrieben des betreffenden Wirtschaftszweiges – Industriebetrieben oder Handelsbetrieben – in improvisierter Weise angewandt. Auch Mittel- und Kleinbetrieben dieser Wirtschaftszweige, die sie gebrauchten, dürfte sie zur Umsatzvermehrung und Kapazitätserweiterung verholfen haben.

Allerdings können wir Preissenkungen, z. B. in der Bundesrepublik für die Jahre 1949 bis 1957 nur bei sehr wenigen gewichtigen Warenarten feststellen. Auffällig ist dieser Vorgang vor allem bei Margarine, Bohnenkaffee, Herren-Lederhandschuhen und in etwas gebrochener Weise bei Seifen. Man wundere sich nicht über diese merkwürdige Zusammenstellung! Sie geht aus der Statistik der Bundesrepublik hervor. Die Auswahl an solchen, in den angeführten Nachkriegsjahren in Westdeutschland im Preise gesenkten Waren ist ohnehin mehr als geringfügig.

Immerhin scheiden in diesen Jahren alle passiven, d. h. aus Depressionsgründen erfolgenden Preissenkungen aus. Der Trend der aufsteigenden Umsatzbewegung und der sinkenden Preisbewegung ist bei den soeben angeführten wenigen Warenarten eindeutig. Es handelt sich um ziemlich kontinuierliche, aktive Preissenkungen, also um jene Art von Preissenkungen, die für die Dynamische Preisrechnung kennzeichnend sind.

Allerdings gibt es noch eine Reihe anderer, volumenmäßig weniger gewichtiger Warenarten und Einzelwaren, die eine ähnliche Preisentwicklung aufweisen. Diese gehen aber statistisch durch gegenläufige Preisbewegungen in größeren Warengruppen unter. Außerdem lassen sich die angeführten Waren kaum durch andere Waren ersetzen. Ihre Preis- und Umsatzbewegung unterliegt also keinen entscheidenden äußeren Einflüssen anderer Warenarten. Sie gewährt deshalb ein fast ungetrübtes Bild der Wirkung aktiver Preissenkungen. In der nachfolgenden Tabelle ist diese dargestellt:

Umsatzbewegung und Preisbewegung einiger Massen-Konsumartikel in der Bundesrepublik Deutschland während der Jahre 1949 bis 1957
(in absoluten Zahlen und Indexzahlen)

		1949	1950	1951	1952 a)	1953	1954	1955	1956	1957
Margarine	Umsatzmenge in 1000 t	239	365	450	511	566	590	612	642	628
	Preis je Einheit/DM b)	2,44	2,44	2,44	2,17	2,10	2,08	2,02	2,03	2,05
	Umsatz-Index	100	153	188	213	237	247	256	269	263
	Preis-Index	100	100	100	88	86	85	83	83	84
Bohnen-Kaffee	Umsatzmenge in 1000 t	23	29	34	41	70	82	95	107	123
	Preis je Einheit/DM c)	2690	2880	3130	3260	2860	2260	2140	2070	2060
	Umsatz-Index	100	126	148	178	304	356	413	465	535
	Preis-Index	100	107	116	121	106	84	80	77	77
Herren-Leder-Handschuhe	Umsatzmenge in Mill. Paar	1,7	3,0	4,8	5,7	6,8	7,0	8,6	10,0	9,8
	Preis je Einheit/DM d)	2450	2010	2060	1866	1743	1693	1664	1637	1656
	Umsatz-Index	100	176	282	335	400	412	506	588	577
	Preis-Index	100	82	84	76	71	69	68	67	68
Seifen e)	Umsatzmenge in 1000 t	74	120	107	112	110	112	107	108	106
	Preis je Einheit/DM f)	0,77	0,43	0,45	0,35	0,28	0,27	0,28	0,28	0,30
	Umsatz-Index	100	162	145	151	149	151	145	146	143
	Preis-Index	100	56	58	45	36	35	36	36	39 g)

a) Preise je Einheit als arithmetisches Mittel der beiden Nachweiszahlen.
b) Je kg Ia Sorte repräsentativ.
c) Geröstet je kg Einzelhandelspreis.
d) Nappa. Größe 8, gefüttert, je Paar, repräsentativ.
g) Jeder Form.
f) Je Riegel Kernseife von 62%–63% Fettgehalt, 200 g, repräsentativ.
g) Die Indexbasen der repräsentativen Einzelhandelspreise entsprechen der Umsatzbewegung im Einzelhandel besser als die Werte des Großhandelsindex.

Quelle: Statistisches Jahrbuch für die Bundesrepublik Deutschland: 1953: S. 252, 257, 258, 535; 1954: S. 240; 1957: S. 226, 231, 232, 543; 1958: S. 193, 198, 199, 430, 431, 432, 433, 465; 1959: (Zum nachfolgenden Text) S. 187, 192, 193, 434–437, 471.

Die gesenkten Preise der Artikel der vorstehenden Tabelle sind ebenso eindeutig wie die vermehrten Umsätze. Dies ist um so auffälliger, als fast alle Waren[1] im angeführten Zeitraum Umsatzvermehrungen ohne Preissenkungen aufweisen. Es gibt eben noch andere Ursachen der Umsatzvermehrung. In der Bundesrepublik führte sie besonders die Zunahme der Arbeitstätigen, auch unter Eingliederung der Evakuierten, Heimkehrer und Sowjetzonenflüchtlinge in den Arbeitsprozeß herbei. Die allgemeine Wiederherstellung und Erneuerung der Betriebsanlagen, die zunehmenden Exporte bildeten die wichtigsten Quellen der Auftragszunahme der meisten Wirtschaftsbetriebe.

1958 ging der Durchschnittspreis für den Bohnenkaffee weiter auf DM 19,40 zurück, während sein Umsatz auf 127 000 t stieg. Bei Herren-Lederhandschuhen erhöhte sich der Preis dagegen auf DM 16,73, bei Seifen auf DM 0,32 durchschnittlich, während die betreffenden Umsätze von 9,8 auf 8 Millionen Paar und von 106 000 auf 100 000 t sanken. Bei Margarine dürfte die Umsatzsenkung bis zu 603 000 t auf der zu geringen Preissenkung von DM 2,05 auf 2,04 je Einheit beruhen. Ob auch die konkludente Preisentwicklung bei ähnlichen Bedarfsdeckungsmitteln wie etwa Pflanzenfetten und -ölen in der Bundesrepublik an der Senkung des Margarineumsatzes im Jahre 1958 mitwirkte, müßte geprüft werden. Bei den anderen aufgeführten Waren erkennen wir die Umsatzvermehrung unter Preissenkung und die Umsatzverminderung unter Preiserhöhung.

Durch diese Vorgänge wurden vor allem die Nominaleinkommens-Summen in den Betrieben und damit in der Volkswirtschaft erhöht. Außerdem erhöhte sich das Nominaleinkommen aller Arbeitstätigen aber auch relativ – auf die einzelnen Arbeitnehmer bezogen[2] – durch die gleichzeitig, besonders in den Industriebetrieben erfolgenden Rationalisierungen. Die steigende, in der Zunahme der individuellen Nominaleinkommen zum Ausdruck gelangende Produktivität erhöhte den Umsatztrend über den Grad der extensiven Umsatzerhöhungen hinaus.

Zweifellos veranlaßten beginnende oder drohende Umsatzstockungen und Kostensenkungen die angeführten Preissenkungen. Die Kostensenkungen traten z. B. bei Kaffee durch die Senkung der Kaffeesteuer ein. Bei Seifen pendelte die gegenläufige Umsatz-Preisbewegung etwas. Auch bei Fischverarbeitungsverfahren fand die Pendelbewegung statt[3]. 1953 und 1954 stiegen deren Umsätze um etwa 20% bis 30%, während ihre Preise um etwa 5% bis 8% sanken. Für die folgenden Jahre stellen wir bis 1957 um etwa 25% sinkende Umsätze bei einer Preiserhöhung bis zu etwa 20% fest.

[1] Oder Warengruppen.
[2] Je Kopf der Arbeitnehmer.
[3] Siehe, a.a.O., Stat. Jahrb. f. d. Bundesrepublik. 1953: S. 258; 1957: S. 232, 467; 1958: S. 402.

Alle diese Zahlen zeigen, daß die Umsatzwerte von Massengütern steigen, sobald ihre Preise sinken, d. h. sobald sie absichtlich gesenkt werden. Sie zeigen auch, daß die Umsätze sinken, wenn die Preise erhöht werden. Dieser Vorgang beruht auf der Umkehrung der Wirkungsweise, die dem *Gesetz von Angebot und Nachfrage* zugrundeliegt. Dieses Gesetz gilt, wenn die Absicht der Umsatzvermehrung in der Form der Angebotserhöhung bei zunehmender Nachfrage der Preisbildung vorausgeht. Diese wird dann zur Preiserhöhung. Das Gesetz von Angebot und Nachfrage gilt ferner, wenn die Absicht der Umsatzverminderung in der Form der Angebotssenkung bei abnehmender Nachfrage der Preisbildung vorauseilt. Diese wird dann zur Preissenkung.

Bei den Vorgängen der aktiven Preissenkung oder Preiserhöhung bildet sich aber entgegen den Wirkungen des Gesetzes von Angebot und Nachfrage eine *Umsatz-Preisschere.* Diese schließt sich mit steigenden Preisen und sinkenden Umsätzen (Angeboten), während sie sich mit sinkenden Preisen und steigenden Umsätzen öffnet.

Der Unterschied der Statischen Preisrechnung, die auf der Anwendung des Gesetzes von Angebot und Nachfrage beruht, und der Dynamischen Preisrechnung, die sich auf seine Umkehrung gründet, ist einfach: *Die Statische Preisrechnung geht von der scherenlosen Umsatzfestlegung aus, die Dynamische Preisrechnung dagegen von der Aktivierung des Preisflügels der Umsatz-Preisschere.* Rapide Umsatzerhöhungen infolge von Nominaleinkommen-Erhöhungen und entsprechenden Nachfragesteigerungen führen deshalb zu Preiserhöhungen, wenn sie nicht durch die dynamische Überlegung entstanden.

Die Sättigung der Nachfrage[4] wird in diesem Prozeß des Kaufkraftmechanismus – so langfristig er auch verlaufen mag – einmal erreicht. Die Sättigung tritt ein, sobald die Erhöhung der Nominaleinkommen die Preiserhöhungen nicht mehr überflügelt. Dann sinken die Realeinkommen und die allgemeine Umsatzverminderung, die Depression beginnt. Diese läßt sich nur durch den frühzeitigen Einsatz der Dynamischen Preisrechnung verhindern, den man am leichtesten durchführen kann, wenn dann noch neue Rationalisierungs-Möglichkeiten, *vorbereitete Rationalisierungs-Reserven* zur Verfügung stehen.

Rapide allgemeine Umsatzerhöhungen einer Volkswirtschaft bringen gewöhnlich vorausschauende Preissenkungen in den Betrieben zum Stillstand. Andererseits wirken aktive Preissenkungen in weiteren Umsatzvermehrungen mehrere Jahre lang nach.

Eigentlich genügte der rationale Nachweis der Wirkungen der Dynamischen Preisrechnung, weil deren Rechenverfahren selbst ihn erbringt. Bei den gegenüber jeder Neuerung und allem Ungewohnten bestehenden Be-

---

[4] Keineswegs die Sättigung des Bedarfs!

denken ist es aber wertvoll, ihre Wirkung auch empirisch bestätigt zu finden.

Außerdem legt es der Nachweis der bisherigen Seltenheit der Anwendung des dynamischen Rechnungsprinzips nahe, an eine allzuschnell vergessene Tatsache zu erinnern: Mehrgewinne, die unter häufigen allgemeinen Preiserhöhungen entstehen, sind auch bei laufenden Umsatzvermehrungen wegen ihrer allgemeinen Verbreitung und kostenrechnerischen Abwälzung[5] anteilig bloße *Scheingewinne*[6]. Im Gegensatz zu der sehr relativen Gewinnerhöhung durch Preiserhöhungen, die immer zu Lasten anderer Unternehmungen und letzthin der Konsumenten geht, führen die Preissenkungen durch zusätzliche Umsatzvermehrungen absolute tatsächliche Gewinnerhöhungen herbei. Diese steigenden Gewinne werden bei einer zunehmenden Einführung der Dynamischen Preisrechnung außerdem wertbeständig sein. Sie werden sogar im Werte zunehmen.

2. Bedenken gegen die Dynamische Preisrechnung

„Wir können doch nicht dauernd bei sinkenden Preisen mehr verdienen!"

So und ähnlich lautet einer der Einwände der Uneinsichtigen, welche die Notwendigkeit der industriewirtschaftlichen Koordination nicht verstehen, die allein von der Preisrechnung ausgehen kann.

Allerdings wird jener Einwand häufig gegenüber der Forderung einer Preissenkung erhoben, die sich nicht auf ein rechnerisches Verfahren als Maßstab stützen konnte. Bisher ergriff viele Unternehmer bei Preissenkungs-Erwägungen nicht nur in Depressionszeiten, in denen sie sich nicht umgehen lassen, sondern auch unter normalen Konjunkturverhältnissen eine beklemmende Angst. Soweit geht der unternehmerische Wagemut gewöhnlich nicht, unter relativ normalen Umsatzverhältnissen, bei einer starken Nachfrage zwecks ihrer langfristigen Erhaltung zu Preissenkungen überzugehen. Auch wenn diese durch Kostensenkungen z. B. infolge von Rationalisierungen notwendig sind, verschließt er sich ihnen meist. Warum wird denn rationalisiert, wenn dies im Augenblick zur Umsatzvermehrung nicht erforderlich ist? Zur bloßen kurzfristigen Gewinnerhöhung! Das ist eben der verhängnisvollste aller betriebswirtschaftlichen Fehler. Die verschiedenen Arten der Gewinnerhöhung: durch Preiserhöhungen oder durch Preissenkungen werden ebenso wie die verschiedenen Arten der Preissenkung: durch Umsatzverminderungen oder für Umsatzvermehrungen gleichgesetzt. Ihre Grundlagen und Zeitpunkte werden dabei nicht beachtet.

Auf den zitierten Einwand müssen wir also erwidern:

„Doch könnt Ihr das! Ihr könnt sehr wohl bei dauernd sinkenden Preisen mehr verdienen, wenn Ihr Eure Preise freiwillig und rechtzeitig senkt,

---

[5] Durch die primäre Preiserhöhung zur sekundären Kosten- und Preiserhöhung.

[6] Vergleiche dazu *Walb*, Ernst: Das Problem der Scheingewinne (Freiburg i. Br., 1921).

sobald das bei den einschlägigen Artikeln möglich wird. Dann sollt Ihr auch nicht einen Monat damit warten!"

Allerdings kann kein Unternehmer bei sinkenden Preisen mehr verdienen, wenn diese ohne sein planmäßiges Zutun, durch die Verschlechterung der Marktverhältnisse, also durch die abnehmende Nachfrage sinken. Nur durch Kostensenkungen, die der Unternehmer selbst zur anteiligen Preissenkung nutzt, kann er seinen Gewinn erhöhen. Dieses Verfahren ist sogar das einzige Mittel zur dauernden Erhaltung und langfristigen Erhöhung aller Gewinne. Seine Anwendung öffnet einen breiten Weg zu ihnen.

Mögen die nach ihren Artikeln dafür geeigneten Wirtschaftsbetriebe die Statische Preisrechnung anwenden! Wichtig ist nur, daß dieses Verfahren der Preisrechnung nicht das einzige und wichtigste darstellt. Wertvoll ist, daß allein die Dynamische Preisrechnung die neuzeitlichen Industrieumsätze durchgreifend fördern und dadurch das gesamte industrialisierte Wirtschaftsleben befruchten kann. Entscheidend ist, daß sie zur führenden, maßgebenden Art der industriellen Preisrechnung wird. Notwendig ist, daß die betriebliche Preisgestaltung, die bisher in den meisten Wirtschaftsbetrieben[7] irreal und gesamtwirtschaftlich planlos wirkt, realistisch und planvoll wird. Das kann sie nur durch die Dynamische Preisrechnung werden.

Noch einem weiteren Einwand gegen die Anwendung der Dynamischen Preisrechnung muß entgegengetreten werden:

„Wenn ich meine Preise senke, so kann die Kaufkräftevermehrung der Nachfragenden nicht nur mir, sondern auch meinen Konkurrenten zufließen. Sie kann sogar anderen Branchen zugutekommen!"

Diese Erwägung bringt ein an sich fortschrittswilliger Unternehmer gegen die Einführung der Dynamischen Preisrechnung in seinem Betriebe vor. Es sind aber alle Branchen – nach dem Grade ihrer Eignung und wahrscheinlich auch die Wettbewerber an der Einführung der Dynamischen Preisrechnung beteiligt. Vielleicht nutzen sie diese schon länger in improvisierter Form. Wenn die Wettbewerber aber darin noch rückständig sind, um so besser für den sie zuerst einführenden Betrieb. Der fortschrittlichste Betrieb hat dann wenigstens einen gewissen Vorsprung. Nur die an der erweiterten Einführung der Dynamischen Preisrechnung auf ihrem Wirkungsgebiet Beteiligten stehen im Wettbewerb der für jeden von ihnen vorteilhaften niedrigen Preise. Die Nachfrageerhöhung durch die dynamische Preissenkung verteilt sich deshalb nach den Beteiligungsbetrieben auf diejenigen Kostenträger, deren Preise diese Betriebe senkten. Sie dürfte

[7] Der meisten Wirtschaftszweige, besonders in Europa.

sich nach dem Gesetz der großen Zahl[8] auch annähernd gleichmäßig auf sie verteilen.

Ein besonderer, aber recht oberflächlicher Einwand besteht darin, daß bei zahlreichen Massenartikeln eine wesentliche Umsatzvermehrung nicht stattfinden kann, weil jeder Verbraucher angeblich nur ein Stück des betreffenden Artikels oder bestenfalls eine sehr kleine Anzahl von ihm benötigt. Als Beispiele für diesen Einwand können auch viele Haushaltsmaschinen und Haushaltsgeräte angeführt werden: u. a. Kühlschränke, Staubsauger und sonstige Elektrogeräte. Auch dieser Einwand ist aber abwegig. Die Preissenkung führt vielmehr zur Heranziehung neuer, nominal weniger kaufkräftiger Verbraucherschichten. Sie stärkt deren Kaufkraft real. Übrigens ist diese Möglichkeit den Praktikern hinreichend vertraut. Andernfalls würde sich auch eine aktive Werbung für die einschlägigen Artikel völlig erübrigen. Es handelt sich also bei dem Ziel der Preissenkung vorrangig nicht um die Beschaffung eines zweiten Kühlschrankes, Staubsaugers und sonstigen Elektrogeräts durch dieselben Verbraucher, sondern um die Erfassung neuer Verbraucher, die immer irgendwo bereitstehen. Außerdem gibt es verschiedene Sorten: Abarten und Qualitäten der meisten derartigen Waren, so daß Preissenkungen ihrer spezifischen Modelle sehr wohl auch zu zusätzlichen oder Ersatzbeschaffungen durch alte Verbraucher führen können.

Ferner wird noch folgender Einwand gegen die mittels der Dynamischen Preisrechnung eintretende Wirksamkeit der allgemeinen Umsatzvermehrung, besonders derjenigen der Massengüter vorgebracht: Es mag zutreffen, daß der Einzelbetrieb, der Massengüter herstellt, die bewiesene Umsatzvermehrung erzielt. Größere Teile der Industrie, besonders der mit der Investitionsgütererzeugung befaßten Betriebe stellen jedoch Artikel der Einzelfertigung und Kleinserienfertigung her. Der nach der allgemeinen Einführung der Dynamischen Preisrechnung und der Umsatzvermehrung der Massengüter zustandekommende Konjunkturaufschwung wird jedoch schnell zu einer allgemeinen Investitionswelle führen. Durch diese werden aber die Preise jedes unter statischen Bedingungen gefertigten, der Statischen Preisrechnung, dem Gesetz von Angebot und Nachfrage unterliegenden Artikels schnell erhöht. Diese Preiserhöhungen wirken sich dann durch erhöhte Beschaffungskosten und Abschreibungen auf die Kostenlage der Gesamtwirtschaft aus. Sie setzen eine allgemeine sekundäre Kostenerhöhung für die zusätzlichen Produktionskapazitäten in Bewegung.

Gegen diesen Einwand ist zu erwidern, daß vorübergehende Preiserhöhungen im Bereich der Einzel- und Kleinserienfertigung durch den dynamisch ausgelösten Daueraufschwung wohl eintreten können. Andererseits wirkt die allgemeine sekundäre Kosten- und Preissenkung den beschränk-

---

[8] *Theorem von Bernoulli,* Prinzip der relativen Häufigkeit und Wahrscheinlichkeitslehre.

ten Preisauftrieben wettbewerbsweise entgegen. Sie kann die aufgrund der erhöhten Nachfrage nach den Gütern der Kleinmengenfertigung auftretenden Preiserhöhungen auch überkompensieren. Entscheidend dürfte jedoch das durch die Dynamische Preisrechnung: den zunehmenden Konsum und Verbrauch industrieeller Versorgungsgüter zu erwartende Wachsen der Kapitalbildung sein. Dieses drängt zu rechtzeitigen, umfassenden Kapazitätserweiterungen, also zu Neuinvestitionen und Investitionsgüter-Aufträgen. Nicht nur alle Investitionsgüter-Nachfragen, auch alle Investitionsgüter-Angebote nehmen zu.

Außerdem legt die dann vorauszusehende dauernde Zunahme des Investitionsmittelbedarfs den Übergang der einschlägigen Produktionsbetriebe zu einer verbilligenden Großserienfertigung weiterer Investitionsgüter nahe[9]. Diese kann ihrer relativen Knappheit gegenüber der zunehmenden Nachfrage vorbeugen. Die Großserienfertigung ermöglicht zugleich die beschränkte Anwendung der Dynamischen Preisrechnung, die eben im Zuge ihrer volkswirtschaftlichen Entfaltung den gesamten Güterkreislauf verwandelt. Auch kämen die teilweisen Preiserhöhungen der Kleinmengengüter im Rahmen des allgemein steigenden und hohen Umsatzstandes der Massengüter zustande. Sie würden also die dynamisch rechnende Mehrzahl der Industriebetriebe ebensowenig treffen wie die Konsumenten. Mithin besteht keine Gefahr, daß auch die Massengüterherstellung wieder von einer Preiserhöhungswelle erfaßt werden könnte, wenn ihre Betriebe einmal zur systematischen Preissenkung übergegangen sind. Diese Betriebe wirken mit der Vollbeschäftigung und Ausweitung ihrer Produktionskapazitäten und weiteren Rationalisierungen durch die Dynamische Preisrechnung jeder Preiserhöhung entgegen.

Schließlich kann noch eingewendet werden, daß jede nennenswerte Erhöhung der Kaufkräfte, wenigstens bei vielen Konsumenten, die schon über ein überdurchschnittliches Einkommen verfügen, zur Vermehrung der Sparrücklagen anregt. Daraus könnte weiter geschlußfolgert werden, daß die Kaufkrafterhöhung durch die dynamische Preissenkung also den preissenkenden Betrieben nicht wieder in einer Umsatzvermehrung zufließt.

Diese radikale Schlußfolgerung ist falsch. Die Konsumenten und die wirtschaftsbetrieblichen Verbraucher sind vielschichtig in ihrer Einkommenshöhe und Bedarfsdeckung gegliedert. Darauf aber kommt es für die Umsatzvermehrung an. Allerdings fließt ein Teil der erhöhten Kaufkraft – aus welchen Quellen diese auch gespeist wird, – fast immer dem individuellen Sparkapital der Konsumenten zu. Ein angemessener, größerer Teil der erhöhten Kaufkräfte wirkt jedoch zugunsten der Umsatzvermehrung der sie verursachenden Betriebe. Dieser Anteil genügt auch bei einer

[9] Höherstufung der Fertigungsverfahren.

vollen Verwendung einer Kostensenkung für die Preissenkung zur anteiligen Gewinnerhöhung durch die anziehenden Umsätze[10].

Außerdem wirkt das erhöhte Sparkapital zugleich als Sparfonds für unzählige unvorhergesehene oder nur langfristig planbare Konsumenten-Ausgaben. Es wirkt sich also festigend, ausgleichend auf die Beschaffung von Waren jeglicher Art: zugunsten der allgemeinen Umsatzvermehrung aus. Auch die Vermehrung des konsumtiven flüssigen Vermögens trägt also laufend zur Zunahme des konsumtiven Sachvermögens aller Bevölkerungsschichten bei. Sie fördert also auch die laufende Umsatzvermehrung aller Konsumgüter herstellenden Wirtschaftsbetriebe.

Nach der Theorie von John Maynard *Keynes* können die Sparneigung und die Bildung von Sparkapital überdies durch Diskontsenkungen gedrosselt werden, während sie durch Diskonterhöhungen eine Förderung erfahren. Der Hervorhebung dieser Wirkungen liegt eine abstrahierende Betrachtung[11] der Marktvorgänge zugrunde. Den Forderungen der Dynamischen Preisrechnung entspricht nur die Diskontsenkung als weiterer Beitrag zur sekundären Kostensenkung, Preissenkung und allgemeinen Erhöhung der Kaufkräfte der Konsumenten und Investoren!

Mit der allgemeinen Zunahme der Kaufkräfte nimmt auch die Möglichkeit des Sparens zu. Auf diese kommt es aber mehr an als auf den Grad der „Sparneigung". Im Gegensatz zur Sparneigung an sich ist deren Grad keine allgemeine menschliche Eigenschaft. Er hängt von der absoluten Höhe der Kaufkräfte ab[12]. Er nimmt mit deren Erhöhung zu und mit ihrer Senkung ab. Auch die Spartätigkeit darf also nicht nur oder vorrangig nach dem Gesetz von Angebot und Nachfrage auf dem Geld- und Kapitalmarkte betrachtet werden. Sie muß dynamisch-konkret beurteilt werden.

Gegen alle Bedenken sei die Hauptaufgabe der Dynamischen Preisrechnung noch einmal klargestellt: Mit der Dynamischen Preisrechnung werden keineswegs niedrige Bilanzgewinne befürwortet[13]. Sie soll und kann im Gegenteil zu den höchsten, jemals in der Geschichte der Industriewirtschaft erzielten Geschäftsgewinnen führen. Kontinuierliche Gewinnerhöhungen und dauerhafte Gewinne entstehen beim Umsatz von Massenerzeugnissen nicht durch Preiserhöhungen, sondern durch Preissenkungen. Die Dynamische Preisrechnung ist das Verfahren, mit dem dieses Ziel der beständigen Gewinnerhöhung ganz allmählich erreicht werden kann, wenn nur alle Nominaleinkommen der Arbeitnehmer eine angemessene Höhe haben. Die Dynamische Preisrechnung ist das Verfahren der umsatzbegründeten Gewinnerhöhung.

---

[10] Siehe über diese Kapitel III, 5 Tabelle 1.

[11] Der isolierenden Abstraktion!

[12] Näher kann die umstrittene Theorie von Keynes hier nicht behandelt werden.

[13] Sogar die kalkulatorischen Gewinnsätze können bei ihrer Anwendung etwas steigen, was übrigens kein Vorteil ist.

Genug der Erwägungen! Man wende die Dynamische Preisrechnung an! Der Versuch allein ist entscheidend. Man nehme einen bedarfsmäßig aussichtsreichen Kostenträger, einen Massenartikel, dessen Umsatz zu stocken beginnt und verfahre nach den angegebenen Regeln[14].

3. Dynamische Preisrechnung und Wettbewerbsfreiheit

Konzerne bilden sich in erster Linie zur systematischen Kostensenkung, ohne daß diese durch die bloße Konzernbildung innerhalb aller Konzernbetriebe schon gesichert ist. Dagegen werden Umsatzkosten zwischen den einzelnen Konzernbetrieben[15], ebenso wie manche Bestandteile der Fertigungs-Gemeinkosten und progressive Wirkungen der fixen Kosten durch die verstärkte zwischenbetriebliche Arbeitsteilung gespart. Für den Umsatz auf dem äußeren Markte treiben viele Konzerne, auch solche mit einem starken, dem Wettbewerb nur noch wenig unterliegenden Preiseinfluß oligopolistischer Art eine Preispolitik mit optimalem Umsatzziel. Eine derartige wirtschaftsbetriebliche Preispolitik unterliegt aber den Maßstäben einer Kosten- und Preisrechnung nach der Art der Dynamischen Preisrechnung. In dieser Richtung sind z. B. verschiedene chemische und pharmazeutische Großfirmen vorgegangen[16].

Die meisten Kartelle stehen dagegen zunächst im schärfsten Gegensatz zu allen Abarten der primären Preissenkung[17], die der systematischen und zielbewußten Dynamischen Preisrechnung entsprechen. Kartellpreise sind statisch festgelegte, willkürlich nach den Kosten der Erzeugnisse der im Schutze und Schatten der Wettbewerbsausschaltung mitgeschleppten „Grenzbetriebe" festgesetzte Preise. Diese sichern allen leistungsfähigeren Betrieben und sogar den Konzernen, soweit sie Kartellmitglieder sind, einen zusätzlichen Differentialgewinn. Die Kartellpreise verhindern aber die volle Entfaltung der Dynamischen Preisrechnung in allen selbständigen Groß-, Mittel- und Kleinbetrieben. Sie hemmen die Umsätze der Kartellfirmen und über die sekundäre Kostenerhöhung und Preiserhöhung die Umsätze der Gesamtwirtschaft.

Außer zum Schutze der „Grenzbetriebe" und damit zur Bildung von Differentialgewinnen der führenden Betriebe dienen Kartelle noch zur Abwehr ungeregelter Preisunterbietungen. Genauer, mit dem in der Praxis mancher Betriebe üblichen Schlagwort ausgedrückt: sie dienen zur Ausschaltung des „ruinösen Wettbewerbs". Gegen diese Auffassung ist zu erwidern, daß der freie Wettbewerb nur für Betriebe ruinös wirkt, die un-

---

[14] Im Kapitel III bis VII.

[15] Vertikaler Richtung.

[16] Auch ihre starken Rabattpreise zugunsten der Konsumenten liegen in dieser Richtung.

[17] Siehe dazu besonders: Der Wettbewerb als Mittel volkswirtschaftlicher Leistungssteigerung und Leistungsauslese (hrsg. von G. *Schmölders*, Berlin, 1942).

fähig und deshalb nicht gewillt sind, ihre Kosten und ihre Preise ebenso wie ihre Wettbewerber rechtzeitig zu senken. Echte, einstweilen nicht ohne künstliche Mittel senkbare Kostendisparitäten treten dagegen nur auf dem Weltmarkt auf.

Schließlich verhindern Kartelle auch die Entstehung von Verlustpreisen durch die progressive Wirkung der fixen Kosten in ihren Mitgliedsbetrieben[18]. Sie schalten deren bei einem Beschäftigungsmangel der Betriebe eintretende progressive Wirkung zwar nicht aus. Sie beseitigen aber ihre preislichen Folgen durch die Sicherung von Überpreisen auf dem Markte. Gerade die preiserhöhenden Regelungen der Kartelle vermindern aber die Umsätze der Kartellbetriebe. Sie festigen jede Umsatzverminderung und verschärfen sie zugunsten einer statischen Gewinnerzielung, die keineswegs optimal ist.

Die bisherigen preiserhöhenden Kartelleinflüsse bedeuten eine falsche Form der Anpassung der Preisbildung an die Wirkung der fixen Kosten: die Anpassung an deren progressive umsatzdrosselnde Richtung. Dagegen ist der freie Wettbewerb mit der Nutzung der Dynamischen Preisrechnung bei allen einschlägigen Massenartikeln das Mittel der Anpassung an die Wirkung der fixen Kosten in der degressiven, umsatzvermehrenden dynamischen Richtung. Vom statischen Waren-Überangebot auf dem Markte, von der überspannten Wirkung des Gesetzes von Angebot und Nachfrage auf die Umsätze von Massengütern können die Kartelle ihre Mitgliedsbetriebe nur durch die Umstellung auf die Dynamische Preisrechnung befreien.

Die Dynamische Preisrechnung ist zwar nicht das einzige Mittel zur Umsatzvermehrung und damit auch zur Ausschaltung der Kostenprogressionen. Sie steht gegenwärtig – im Zeichen des deutschen Wirtschaftswunders – in der Bundesrepublik besonders im potentiellen Verfahrens-Wettbewerb mit den umsatzbelebenden Wirkungen der Entstehung des gemeinsamen Marktes der Europäischen Wirtschaftsgemeinschaft (EWG). Dieser ideelle Wettbewerb ist aber nur ein scheinbarer. Er wirkt nicht durchgehend für jeden Produktionszweig und jeden Betrieb. Es ist gefährlich, sich allein den gegenwärtig und in naher Zukunft umsatzvermehrenden Wirkungen der europäischen Integration und des Außenhandels anzuvertrauen. *Überdies ist die Dynamische Preisrechnung das einzige betriebsautonome, nicht vom Markte her wirkende Mittel der betrieblichen Umsatzvermehrung.* Die vorausschauende Einstellung auf sie ist für viele Betriebe ein Gebot der Gewinnerhaltung, für manche wohl sogar ein Gebot der Selbsterhaltung.

---

[18] Über die große Bedeutung der fixen Kosten und die Kartellbildung zu ihrer Beseitigung siehe u. a.: *Schmalenbach,* bes., a.a.O., (Kostenrechnung) S. 477 ff. Die Zerstörung der freien Wirtschaft . . . und S. 497 ff.

4. Dynamische Preisrechnung und Marktwirtschaftsreform

Die Fehler des industriewirtschaftlichen Marktmechanismus, die in den periodischen Umsatz- und Preisschwankungen sowie in chronischen Umsatzverminderungen und Preiserhöhungen bestehen, werden auf verschiedene Weise gedeutet. Die Konjunkturforscher beachten die chronischen Mängel nicht und erklären die periodischen Umsatz- und Preisschwankungen als natürliche, gesetzmäßige Vorgänge. Die Sozialisten wollen in ihrer Mehrzahl die Marktwirtschaft wegen jener Mängel, ebenfalls auf der Grundlage eines von ihnen „entdeckten" Gesetzes, eines angeblichen geschichtlichen Entwicklungsgesetzes überall durch die zentrale staatliche Verwaltungswirtschaft ersetzen. Sie führten diesen leichtsinnigen Prozeß der künstlichen konstruktiven Umgestaltung des volkswirtschaftlichen Kreislaufs, wo sie die Macht dazu haben, gewaltsam durch.

Die Fehler des industriewirtschaftlichen Marktmechanismus liegen jedoch vorwiegend in der industriewidrigen, verallgemeinerten Art der Statischen Preisrechnung der Wirtschaftsbetriebe sowie in der Herrschaft der Kartellpreise. Die an den falschen Gegenständen angewandte Statische Preisrechnung ist mit ihrem Preisauftrieb die Ursache der gesamten industriewirtschaftlichen Disordination: der Auftragsrückgänge und Umsatzverminderungen, der Arbeitslosigkeit und aller anderen sämtlich miteinander zusammenhängenden wirtschaftlichen Kreislaufstörungen.

Die meisten Anhänger und sehr viele Gegner des Sozialismus gleichen sich darin, daß sie die koordinierende Reform der Gesamtwirtschaft vom Staate, von der Volkswirtschaft her erreichen wollen. Sie wollen das Pferd von hinten aufzäumen. Tatsächlich kann die Marktwirtschaftsreform *grundlegend* nur in der Preisrechnung erfolgen, durch deren falsche Anwendung auch die marktwirtschaftlichen Kreislaufmängel entstehen. Ein aktiver Produktionswille schafft neue zusätzliche Nachfrage, die durch Preissenkungen, d. h. die Stärkung der Kaufkräfte für Massengüter geweckt wird. Dieser Vorgang kann und darf nicht zentral, staatlich organisiert werden. Ein kleiner Kreis von Großunternehmern, eine Schar mittlerer Unternehmer, die sich aus Einsicht und nach dem Erwerb einiger Erfahrungen für die Dynamische Preisrechnung entscheiden, können die gesamte Volkswirtschaft tiefgreifend und dauerhaft wandeln. Die anderen Unternehmer kommen dann von selbst.

Ernst *Walb* stellte in seinem bekannten Bilanzwerk[19] die Unterscheidung zwischen dem reinen Unternehmungsgewinn und dem reinen Betriebsgewinn heraus, der auch in der kalkulatorischen Bilanz zur Geltung gelangt. Walb analysierte die güterwirtschaftliche Orientierung, die dem reinen Betriebsgewinn entspricht, während die geldwirtschaftliche Orien-

[19] *Walb*, Ernst: Finanzwirtschaftliche Bilanz (2. Aufl., Duisburg, 1946/47), bes. Teil II, B. Der reine Betriebsgewinn.

tierung den reinen Unternehmungsgewinn kennzeichnet. Der reine Betriebsgewinn und seine güterwirtschaftliche Orientierung begründen auch die dynamische Festlegung maßvoller Gewinnsätze. Diese erhöhen durch die Ausweitung des industriewirtschaftlichen Güterkreislaufs die geldwirtschaftlich orientierten Bilanzgewinne[20]. Der reine Betriebsgewinn findet sein stärkstes Förderungsmittel in der Dynamischen Preisrechnung.

Ob die Dynamische Preisrechnung ein geeigneter Gegenstand ist, um sie mittels verpflichtender kollektiver Abreden durchzuführen, mag dahingestellt bleiben. Ihre vertragliche Anwendung dürfte sich nicht in allen Wirtschaftszweigen für alle Betriebe und Waren auf einheitliche Formeln bringen lassen. Kartelle können die Dynamische Preisrechnung wohl auch ohne neue Abreden, aber andererseits nur durch den Verzicht auf die meisten bestehenden preisrechnerischen Abreden und Tarifpreise fördern. Sie werden die Dynamische Preisrechnung fördern müssen und gezwungen sein, ihre mit den höchsten Kosten wirkenden „Grenzbetriebe" endlich ganz dem heilsamen Zwang der Rationalisierung auszuliefern.

Die Mängel der industriellen Marktwirtschaft: die Schwankungen des Beschäftigungsgrades der Wirtschaftsbetriebe und ihre zahlreichen Folgen beruhen nicht auf dem Marktmechanismus an sich, sondern auf seiner fehlerhaften Benutzung. Sie kommen durch die verallgemeinerte Anwendung der Statischen Preisrechnung zustande. Darauf wurde schon mehrfach hingewiesen. Die Marktpreise wirken zwar als Knappheitsanzeiger[21] für die Angebotsseite des Marktes. Sie bilden sich aber nach der tatsächlichen kaufkräftigen Nachfrage, nicht nach dem unbefriedigten Bedarf. Sie sind die Knappheitsanzeiger des volkswirtschaftlichen Gesamtangebots gegenüber der Gesamtnachfrage für jede einzelne Ware und Gruppe von Waren, die einander vertreten können. Als derartige Knappheitsanzeiger haben die Marktpreise nach dem Gesetz von Angebot und Nachfrage schon in den marktgebundenen Formen der Handwerkswirtschaft aller Zeiten vor der Industriewirtschaft gewirkt.

Die industriewirtschaftlichen Marktpreise kommen zustande unter Benutzung der zahlreichen Mittel der Marktorganisation, die den Marktmechanismus in Tätigkeit setzen: besonders durch die Firmenvertreter, die Auftragsstatistik samt der Ermittlung des Auftragsbestands, die Verfahren der Marktforschung[22]. Wichtiger als die volkswirtschaftliche Art der Entstehung der Marktpreise ist jedoch das Zustandekommen der sie begründenden Angebotspreise, also die Art der Preisrechnung. Wie weit das Ge-

---

[20] Der „Finanzwirtschaftlichen Bilanz"!

[21] Siehe bes. *Eucken*, Walter: Grundlagen der Nationalökonomie (6. Aufl., Berlin – Göttingen – Heidelberg, 1950) u. a. S. 214.

[22] Siehe u. a. *Meyer*, Paul W.: Marktforschung. Ihre Möglichkeiten und Grenzen (Düsseldorf, 1957). Ferner *Schäfer*, Erich: Betriebswirtschaftliche Marktforschung (Essen, 1955).

setz von Angebot und Nachfrage bei der fortschreitenden Einführung der Dynamischen Preisrechnung für industrielle Artikel der Kleinmengenfertigung noch wirksam wird, kann hier offen bleiben[23].

Entscheidend ist dagegen, daß die Dynamische Preisrechnung die Knappheitsermittlung für jede Ware aus dem Vergleich von Angeboten und mehr oder minder begrenzten Nachfragen in den Vergleich von Produktionskapazitäten und den weit größeren Bedarfsmengen verlagert. *Die Angebotspreise erhalten damit als sinkende Preise das Übergewicht auf dem Markte. Sie können langfristig selbst Marktpreise werden.* Auf diese Weise wird der Marktmechanismus umsatzerhöhend, d. h. dynamisch genutzt. Darauf kommt es aber allein an. Das ist das beste Mittel einer durchgreifenden betriebsautonomen Marktwirtschaftsreform.

Die Dynamische Preisrechnung muß als das antimonopolistische Mittel im eigentlichen Sinne gelten. Sie kann zum mindesten das wirksamste antimonopolistische Mittel werden, bei dessen Anwendung alle Fehler vermieden werden, die weitgehenden Gesetzen zur Regulierung der Kartell- und Konzerntätigkeit trotz ihrer Notwendigkeit leicht anhaften. Es ist allerdings erforderlich, daß gerade die Urproduktion möglichst geschlossen zur Dynamischen Preisrechnung übergeht, die ihren Betrieben weit höhere Vorteile bringen wird als hohe Kartellpreise. Diese würden von der Urproduktion aus die Dynamische Preisrechnung aller weiterverarbeitenden Betriebe zwar nicht verhindern. Sie könnten sie aber stören, besonders in den entscheidenden Zeitpunkten, in denen eine Kostensenkung zur Preissenkung verwertet werden soll.

Nach *Galbraith* ist die „Countervailing Power" das Gegenprinzip zum freien Wettbewerb[24]. Die Verständigung zwischen den Anbietern und den Verbrauchern – die beide unter sich kartelliert sind – tritt an die Stelle des Wettbewerbs unter den Anbietern und unter den nachfragenden Verbrauchern. Die Wirkung des Countervailing Prinzips bezieht sich ebenso wie die des Unternehmungs-Wettbewerbs auf die Preisgestaltung. Die Dynamische Preisrechnung gilt sowohl im Bereich des freien Wettbewerbs wie im Bereich des Countervailings der Verbände. Sie ersetzt den Preiskampf des freien Wettbewerbs auf dem Markte ebenso wie den Preiskampf zwischen den Verkaufs-Monopolverbänden mit den Einkaufs-Monopolverbänden[25].

Bei einem wachsenden Verständnis weitester Wirtschaftskreise für die Dynamische Preisrechnung, bei deren unablässiger Entschlossenheit, sie

---

[23] Problem der Verfahrensgrenzen ihrer Anwendung.

[24] *Galbraith,* John Kenneth: American Capitalism. The Concept of Countervailing Power (Revised Ed., Boston, 1952, 1956), bes. Kapitel IX The Theory of Countervailing Power, Definition auf S. 111. „Countervailing Power" läßt sich etwa mit Ausgleichs-Macht übersetzen.

[25] Sowie oligopolistischen.

durchzuführen, können sich sogar die Träger der privaten Monopole, die Monopolverbände zunehmend für sie entscheiden. *Die Dynamische Preisrechnung richtet sich, ihrem Wesen gemäß gegen kollektive Preisbindungen jeder Art, ob diese nun von Verbänden oder vom Staate stammen.* Sie richtet sich gegen Kartellpreise, statische Trustpreise, Stoppreise, Mindestpreise, Höchstpreise usw. Allerdings rechtfertigt sich die Beseitigung noch bestehender preislicher Schutzmaßnahmen zugunsten irgendwelcher Wirtschaftszweige oder Konsumenten nur, *soweit die Dynamische Preisrechnung ihre natürlichen Produktions-Voraussetzungen vorfindet.* Zu diesen gehört vor allem die Möglichkeit der Massenauflage einer Ware oder Dienstleistung, um die es sich in der Mehrzahl der Regelungsfälle auch handelt.

IX. Volkswirtschaftliche Koordination durch die Dynamische Preisrechnung

1. Die allgemeine Kaufkrafterhöhung durch die Dynamische Preisrechnung

Die in der Kostenrechnung aller Wirtschaftsbetriebe enthaltenen Löhne und Gehälter ihrer Arbeitnehmer stellen gemeinsam mit den ebenfalls in dieser Kostenrechnung sowie in der Preisrechnung[1] enthaltenen Steuern[2] den Hauptteil der Konsumenten-Kaufkräfte aller Volkswirtschaften her. Senkungen von Konsumgüter-Preisen, die in engem Zusammenhange mit den Senkungen der Preise aller anderen Massengüter stehen, erhöhen diese Kaufkräfte. Solche bisher seltenen Preissenkungen ruft die planmäßige Anwendung der Dynamischen Preisrechnung hervor. Sie erhöhen die Beschäftigung der Konsumgüterindustrie und der Urproduktion.

Sie stärken zugleich die Kaufkräfte der Unternehmer, der übrigen Betriebsbesitzer[3] und der nicht in den Betrieben aktiven Kapitalgeber für Investitionen. Sie stärken die Kaufkräfte der öffentlichen Hand für die erweiterte Durchführung notwendiger Kulturaufgaben, besonders für die mit diesen verbundenen Investitionen. Die Preissenkungen erhöhen also auch die Beschäftigung der Investitionsgüterindustrie.

Tarifliche Lohn- und Gehaltserhöhungen dienen als Mittel zur Schaffung der Kaufkräfte für den Ausgleich von Preiserhöhungen der Konsumgüter. Sie werden auch als allgemeines Mittel zur Nutzung von Kostensenkungen der Betriebe für die Stärkung der Arbeitnehmer-Kaufkräfte als der maßgebenden Konsumenten-Kaufkräfte benutzt. Für einen Ausgleichszweck innerhalb des Kostenbereichs sind Lohn- und Gehaltserhöhungen jedoch wenig geeignet. Die Kostensenkungen erfolgen in den einzelnen Betrieben verschiedener Wirtschaftszweige selten gleichzeitig. Für die einen Betriebe kommen deshalb die Erhöhungen der tariflichen Arbeitnehmer-Einkommen zu spät, für die anderen zu früh. Hier liegt eine besonders starke Quelle von Preiserhöhungen, vorzugsweise in Rationalisierungszeiten. Es ist die berüchtigte Preis-Lohn-Preisschraube. Immerhin hat diese sachliche Gründe. Andererseits ist es notwendig, Kostensenkungen nicht versickern zu lassen. Ebenso ist es notwendig, Preiserhöhungen durch die schematisierten, nicht betrieblich individualisierbaren Lohn- und

---

[1] Umsatzsteuer im Gewinn.

[2] Diese dienen vorwiegend der Besoldung der öffentlichen Beamten und Angestellten.

[3] Der Landwirte, Handwerker, Händler usw.

Gehaltserhöhungen zu vermeiden. Die Kostensenkungen müssen also durch die Preissenkungen weitergegeben werden. So werden Preiserhöhungen und Reallohnsenkungen vermieden und allgemeine Reallohnerhöhungen eingeleitet[4]. Das ist nur durch die Anwendung der Dynamischen Preisrechnung bei jeder Art von Massenproduktion möglich.

Obgleich Kostensenkungen durch die Dynamische Preisrechnung grundsätzlich nicht durch irgendwelche Kostenerhöhungen gestört werden sollen, um sich für die Preissenkung und Gewinnerhöhung nutzen zu lassen, sind zur passenden Zeit auch einzelne Erhöhungen der Nominallöhne und -gehälter erforderlich. Sie müssen dazu dienen, Ungleichheiten im Stande der Arbeitseinkommen, soweit sie nicht durch die sachlichen Individualleistungen und die Besoldungsstufen gerechtfertigt sind[5], einzuebnen. Im übrigen liegt die Aufgabe der Stärkung der Arbeitnehmer-Kaufkräfte in der Hebung ihrer Realeinkommen durch die Preissenkungen.

Die Umsätze an Konsumentenwaren sind so hoch wie das durch die Preisrechnung für die geschaffene Kaufkräfte-Volumen. Eine andere Quelle gibt es für die Konsumenten-Kaufkräfte nicht. Nur die Dynamische Preisrechnung kann diese Quelle optimal erschließen. Die gesicherten Umsätze an Konsumgütern bilden zugleich die feste Grundlage der zunehmenden Bildung neuen Geld- und Sachkapitals, in der Erweiterung aller Produktions-, Handels- und Verkehrs-Kapazitäten.

Die Dynamische Preisrechnung erlaubt es, mehr Kapital zu bilden als die Statische Preisrechnung. Aus den vermehrten Gewinnen der höheren Warenumsätze ist das leichter möglich. Sie fördert dadurch außerdem die Kapitalexporte. Sie stärkt deren Finanzierungsquellen.

Die seit Jahrzehnten allen anderen Industrieländern überlegenen und ständig zunehmenden Kapitalexporte der USA stützen sich auf außergewöhnlich hohe, ebenfalls überlegene Binnenumsätze und Inlandsinvestitionen, besonders auf diejenigen des Konsumgütersektors ihrer Volkswirtschaft. Die wirksame Beziehung zwischen höherer Lebenshaltung der Inlandsbevölkerung und hohen Kapitalexporten läßt sich aber nur durch die Dynamische Preisrechnung, d. h. über in Preissenkungen umgewandelte Kostensenkungen erreichen. Auch ohne ausdrückliche Erklärungen und ohne eine theoretische Herleitung wurde die Dynamische Preisrechnung intuitiv-empirisch seit Jahrzehnten in den USA in wachsendem Umfange

---

[4] Wenn viele Gewerkschaften bisher auch eine geringe Neigung zu Reallohnerhöhungen über die Preise, d. h. also durch Preissenkungen zeigen, so dürften sie sich bei einer beginnenden Durchsetzung der Dynamischen Preisrechnung schnell auf die unmittelbare reale Ausdehnung der Lebenshaltung der Konsumenten umstellen, vielleicht sogar als aktiv helfende Sozialpartner. Diese Umstellung läge im Sinne des schon erwähnten Countervailing-Prinzips von Galbraith. Siehe dazu auch *Röpke,* Wilhelm: Jenseits von Angebot und Nachfrage, a.a.O., S. 193.

[5] Sie beruhen auf früheren Tarifkämpfen.

angewandt. Dies läßt sich aus einzelnen Hinweisen[6] auf die Förderung der Konsumenten und vielen Veröffentlichungen über die Umsatzhebung durch Preissenkungen ebenso wie aus der hohen Lebenshaltung in der nordamerikanischen Volkswirtschaft entnehmen[7].

Auch in vielen Industriebetrieben der übrigen Industrieländer, besonders in Betrieben mit Monofertigung und Divisionskalkulation, wird – mehr oder minder systematisch oder improvisiert – allerdings ohne die hier gebrauchte Bezeichnung, die Dynamische Preisrechnung schon angewandt. Auch darauf wurde schon hingewiesen. Wie weit Kartellpreise ihre regelmäßige, erweiterte Anwendung hindern, kann hier nicht untersucht werden. Gelegentliche regelwidrige Preissenkungen in Aufschwungszeiten scheinen jedoch auf ihre kartellmäßig schematisierte Anwendung hinzudeuten. Auch in Betrieben mit gemischter Fertigung wird die Dynamische Preisrechnung zuweilen angewendet, sogar wenn es sich um gängige Artikel handelt. Das dabei verfolgte Ziel, irgendwelche Wettbewerber auszustechen, entspricht dem Sinne und der weitergehenden Wirkung der betreffenden Preissenkung allerdings nicht. Derartige Maßnahmen sind jedem langjährigen Kostenrechnungs-Praktiker bekannt. In solchen Fällen wird also das vielgerühmte Gesetz von Angebot und Nachfrage nicht befolgt. Es wird ihm erfolgreich entgegengehandelt. Dieses Gesetz gilt nur unter der Bedingung einer schwereren Überwindung bestehender marktwirtschaftlicher Warenknappheiten[8].

Unter dem Einfluß unserer beschränkten preisrechnerischen Überlieferung und der kleinvolkswirtschaftlichen Enge denken manche Unternehmer-, Kartell- und Finanzkreise Westeuropas gegenwärtig wohl noch daran, die künftigen Kapitalexporte möglichst auf Kosten der Konsumenten zu erweitern. Das bedeutet nicht so sehr den Aufschub dringender Lohn- und Gehaltserhöhungen als die Verwendung von Kostensenkungen zur unmittelbaren Gewinnerhöhung. Die Hauptträger des Konsums, die Arbeitnehmer können sich diesem kurzsichtigen, in seinen Folgen wieder kostenerhöhenden Verfahren nicht leicht entziehen. *Es ist aber verfehlt, den Marsch in den Großraum der Europäischen Wirtschaftsgemeinschaft mit dem veralteten Verfahrensgepäck der statischen Preisausbeutung anzutreten.* Eine erfolgreichere, dynamische, progressive Finanzierung von Inlandsinvestitionen und Kapitalexporten läßt sich durch die Dynamische Preisrechnung mit zunehmendem Nutzen für alle einheimischen Konsumenten erreichen.

---

[6] Siehe u. a. *McNair, Malcolm P.* and *Eleanor G. May:* Pricing for Profit, a.a.O., sowie *The Sales Managers Handbook,* a.a.O., S. 262 ff. über Price Policies, besonders das Inserat der General Electric mit der Losung: More Goods for More People at Less Cost!

[7] Siehe u. a. *Rappard,* W. E.: Die Ursachen der Überlegenheit der Vereinigten Staaten (a. d. Franz. übers. v. Gisela Haberkamp und Götz Peitgen, München, 1956).

[8] z. B. bei Einzelfertigung, Kleinserienfertigung, Kunstwerten usw.

Alle industriellen Produktionskapazitäten können nur für die Verbraucher ihrer Waren wirken, die einen – zum erheblichen Teile ungedeckten oder sogar unbegrenzten – Bedarf an diesen haben.

Das ist die Haupteigenschaft aller industriellen Produktionskapazitäten. Als solche muß sie auch in den Preisen der mit diesen erzeugten Waren zum Ausdruck gelangen. Nur mit deren Hilfe kann der Bedarf zur angemessenen Nachfrage werden, weil sie die Kaufkraft der Verbrauchereinkommen, besonders der Konsumenteneinkommen, für den Kauf der herstellbaren Warenmengen ausreichend gestalten.

Die zunehmende Finanzierung des Konsumentenverbrauchs durch Abzahlungskredite ist zwar ein zusätzliches Mittel der Mobilisierung der Nachfrage. Sie genügt aber nicht. Sie stellt nur zeitliche Überbrückungen her[9]. Erst die zunehmende Kaufkraft der Konsumenten beschäftigt die vorhandenen Produktionskapazitäten in wachsendem Umfange. Nur sie sichert die Beschäftigung neuer Produktionskapazitäten. Diese Kaufkraftzunahme darf deshalb nicht verhindert werden. Sie darf weder durch das Beharren auf hohen Kostenständen, noch durch irrtümlich – „gewinnerhöhende" – Preisüberhöhungen unterbunden werden, die letzthin auch zu konsumtiv unfundierten und deshalb ungenügend rentablen Investitionen dienen. Die Kostensenkungen müssen in Preissenkungen weitergegeben werden.

Allein in eigentlichen Investitionsperioden, in denen ein politisch hervorgerufener Nachhol- und Wiederherstellungsbedarf der Betriebe zur Deckung gelangt, besonders nach Kriegen, lassen sich ohne Umsatzstörungen Supergewinne erzielen, die statisch, also mit überhöhten Gewinnsätzen begründet sind. Auf die Dauer wirken jedoch nur Durchschnitts-Gewinnsätze umsatzerhöhend und gewinnsteigernd.

2. Die dirigistischen Preise und die freien Marktpreise der Dynamischen Preisrechnung

Mit der Festsetzung oder anderweitigen Regulierung von Preisen verfolgt der Staat denselben Zweck, den der Unternehmer mit Preissenkungen erreichen kann. Er will den Absatz gewisser Waren erhöhen oder ihren Mindestumsatz sichern, indem er durch die Preissenkung oder Preisfestigung die für den Warenabsatz verfügbare Kaufkraft streckt, d. h. indem er sie real erhöht. In derartigen Fällen handelt es sich vor allem um Waren, die der Staat selbst einkauft, also besonders um Rüstungsgüter jeder Art mit ihren erheblichen Herstellkosten und ihrem großen Mengenbedarf. Die gewöhnlich ablehnende Haltung der Unternehmer gegenüber einer eigenen freiwilligen Preissenkung ist ebenso irrig wie das eifrige Betreiben allgemeiner zwangsweiser Preissenkungen und schematischer Preis-

[9] *Röpke* tritt diesem Verfahren des Konsumentenkredits scharf entgegen. Siehe: Jenseits von Angebot und Nachfrage S. 185, 186.

festigungen durch den Staat. *Preise sind weitgehend in ihren Kostengrundlagen betriebsindividuell und lassen sich nicht durchgehend mit günstigen Folgen schematisieren.* Der Unternehmer fürchtet aber zu Unrecht, sogar durch Preissenkungen, die er im rechten Augenblick selbst durchführt, an Gewinnteilen einzubüßen. Der Staat will durch Preisregulierungen vor allem den Unternehmergewinn schematisch senken, was tatsächlich doch niemals einwandfrei gelingt.

Differenzierte firmenindividuelle Stoppreise, allgemeingültige Höchstpreise, zwangsweise kostenmäßig berechnete Preise[10] mit Höchst-Gewinnsätzen, unveränderliche Festpreise sind die Hauptformen der behördlichen Preisfestsetzung[11]. Das Ergebnis solcher gewaltsamen behördlichen Eingriffe in die Preisbildung ist fast immer eine bloße Festigung, eine Erstarrung der Preise, während die etwaige Absicht von Preissenkungen dabei meist erfolglos bleibt. Rüstungsgüter können infolge der verbindlichen Auftragsproduktion für den Generalabnehmer Staat nicht aus dem Angebot verschwinden. Sie haben keinen „Markt". Sie werden an den monopolistischen Auftraggeber und Alleinverbraucher Staat geliefert. Zivilgüter verschwinden jedoch unter den Zwangspreisen gewöhnlich vom Markte, soweit sie nicht zusätzlich einer Bewirtschaftung durch Zuteilungen unterliegen.

Staatliche Zwangspreise sind also das schlechteste Mittel der öffentlichen Preisbildung auf dem Markte oder für den Markt. Sie wirken nur als das, was sie ihrem Wesen nach sind: als Einkaufspreise für den Staatsbedarf, besonders einen kriegsmäßig angeschwollenen, sowie als Notbehelfspreise für besondere Knappheitslagen[12] an sonstigen Gütern. Gegen die schädlichen Folgen privatmonopolistischer Zwangspreise, vor allem überhöhter Kartellpreise benutzt der Staat dagegen, soweit er sie nicht beseitigt[13], preisstützende Subventionen[14] zugunsten der Verbraucher. Mit Ausnahme der durch eine preisrechnerische Zwangskostenrechnung, z. B. durch die Zwangskalkulation nach den LSÖ in Deutschland während des zweiten Weltkrieges geschaffenen staatlichen Zwangspreise gehen diese nicht auf eine Verwendung der Kostensenkung für die Preissenkung aus. Der Staat beansprucht die rationelle Kostengestaltung und Preisbildung im Zusammenhang mit seinen Preisregulierungen nur für seine eigenen Einkaufszwecke.

Beträchtliche schnelle Preissteigerungen, Preistreibereien und Preiswucher, die zu staatlichen Preisregelungen, zu Preiseingriffen irgendwelcher

[10] Zwangskalkulierte Preise.
[11] Siehe u. a. *Martin,* Paul: Die Preisbildung im Groß-, Einzel- und Außenhandel (Berlin, 1938).
[12] z. B. infolge von Blockaden oder einer gebundenen Verwendung von Inlandsrohstoffen in Rüstungs- und Kriegsperioden.
[13] Durch Kartellgesetze.
[14] z. B. zeitweilige und regionale Brotpreisstützungen.

Art zwingen könnten, machen sich allerdings nur unter besonderen Knappheitslagen wichtiger Güter oder infolge privatmonopolistischer Preismißbräuche breit. Auch die besonderen Knappheitslagen beruhen aber auf politisch oder wirtschaftspolitisch heraufbeschworenen rigorosen Wettbewerbsbeschränkungen[15]. Preisdirigistische Maßnahmen des Staates verschwinden deshalb ebenso wie die sie verursachenden wirtschaftsbetrieblichen Preisauftriebe mit der Ansteuerung des vollständigen Wettbewerbs. Dieser öffnet auch der Dynamischen Preisrechnung überall das Tor. Der freie Wettbewerb zwingt ebenso zur Dynamischen Preisrechnung wie diese zu seiner Herstellung.

Während die statisch gebildeten Angebotspreise der Wirtschaftsbetriebe sich erst in Marktpreise verwandeln[16], kommen die dynamisch gebildeten Angebotspreise den Preisforderungen der Nachfrageseite weit entgegen. Dadurch werden die dynamischen Angebotspreise zu Marktpreisen. Als natürliche Preisrechnung mildert die Dynamische Preisrechnung die künstlichen Preiskämpfe auf dem Markte. Allerdings zwingt sie die Wirtschaftsbetriebe zu dem geschilderten eindeutigen rationalen innerbetrieblichen Verhalten in der Warenentwicklung sowie zu der fertigungstechnischen, vertrieblichen und organisatorischen Rationalisierung. Darin liegt sogar ihr besonderer Wert.

3. Künstliche, fiskalische und natürliche, marktwirtschaftsgemäße Wirtschaftsmobilisierung

Im Schatten der Wettbewerbshemmung und der statischen Preisbildung schrumpfen die Umsätze der Wirtschaftsbetriebe. Sie schrumpfen nicht nur in periodischen stärkeren Stößen, sondern sie vollziehen sich, gemessen an den vorhandenen Produktionskapazitäten, in einem dauernden Schrumpfzustande. In Depressionsperioden einer besonders starken Umsatzschrumpfung versuchte der Staat in den Industrieländern die Umsätze durch Maßnahmen der künstlichen Arbeitsbeschaffung zu heben. Diese bestanden in Verkehrsbauten, Meliorisierungen, Kulturbauten, Sozialbauten u. a. m. Sie wurden zwar aus Steuermitteln oder Staatsanleihen finanziert, und erhöhten die Kosten der Betriebe weiter. Sie verschafften aber dem Wirtschaftsleben den zusätzlichen, ihm gerade fehlenden Antrieb, der mit der steuerlichen Kostenüberlastung, dem zerstörten freien Wettbewerb und der Statischen Preisrechnung verkümmert war.

Von den Ergebnissen der künstlichen Arbeitsbeschaffung forderte man keine wirtschaftliche Bewährung. Man brauchte sie bei ihnen nicht zu fordern, denn sie stellten nur in abgeschwächtem Maße wirtschaftsbetrieb-

[15] Im Außenhandel, durch Bewirtschaftung von Rohstoffen und Lebensmitteln usw.

[16] Siehe dazu die besonders klare Darstellung bei *Fettel,* Johannes: a.a.O., Marktpreis und Kostenpreis, S. 18 ff. und bes. S. 38 ff.

liche Einrichtungen her. Entweder schufen sie nur Vermögensteile, die auf Verlustkonto, durch verlorene Zuschüsse gebildet wurden: wie der meliorisierte Ackerboden. Oder sie wurden von öffentlichen Regiebetrieben mit kulturellen Zwecken der geistigen und körperlichen Bildung getragen. Man forderte von ihnen vor allem die unmittelbare kulturelle, soziale Bewährung und allenfalls noch die Produktivitäts-Bewährung. Auf die Rentabilität der staatlichen Investitionsaufwendungen kam es also weniger an. Hier lagen offenkundige Widersprüche vor.

An diese Arbeitsbeschaffungsverfahren knüpften einzelne Theorien an, die darin bestanden, daß man durch eine fiskalische Investitions- und Verbrauchslawine den gesamten Güterkreislauf dauernd auf einem hohen Umsatzstande halten könne[17]. Tatsächlich schien der Antrieb, den die sehr umfänglichen staatlichen Rüstungsaufträge dem Güterkreislauf der marktwirtschaftlichen Industrieländer schon vor dem zweiten Weltkriege verliehen, derartige Auffassungen zu rechtfertigen. Auch die Rüstungsaufgabe ist ein außerwirtschaftlich begründetes Ziel der wirtschaftsbetrieblichen Betätigung.

Ob ein derartiger, außerwirtschaftlich angetriebener Prozeß des Güterkreislaufs sich als Multiplikatorprozeß und durch anschließende Akzeleration[18] ins Uferlose fortsetzen ließe, muß allerdings als zweifelhaft gelten. Einmalige oder periodisch wiederholte Anstöße genügen zur Erhaltung eines stärkeren Güterkreislaufs nicht. Die zwangsläufige preisrechnerische Ausnutzung der öffentlichen Mittel wirkt sich in einer Drosselung des Bevölkerungskonsums aus. Auch das deutsche Finanzwunder des zweiten Weltkriegs[19] war deshalb nur ein schlechter, zeitbedingter Ersatz für den natürlichen preisrechnerischen Weg der allgemeinen Wirtschaftsbelebung. Es beweist aber die an sich bestehende ständige Mobilisierbarkeit der in leistungsfähigen Produktionskapazitäten vorhandenen industriellen Produktivkräfte.

Gewiß kann es zeitweilig so scheinen, als ob die neuzeitliche Marktwirtschaft einen hohen Umsatzstand und einen relativ hohen Beschäftigungsgrad ihrer Arbeitskräfte auch bei dauernden Preissteigerungen zu halten vermag. Einer solchen Auffassung liegen aber Selbsttäuschungen zugrunde. Die Vollbeschäftigung der Arbeitskräfte ist – soweit sie im Schatten von Preissteigerungen überhaupt besteht – nicht unbedingt auch eine Vollbeschäftigung der Wirtschaftsbetriebe. Sie ist auch nicht unbe-

---

[17] z. B. lag die Investitionsgeld-Theorie des nationalsozialistischen „Finanztheoretikers" Gottfried Feder, des Bekämpfers der „Zinsknechtschaft" in dieser Richtung.

[18] Siehe dazu *Heimann*, Eduard: Geschichte der volkswirtschaftlichen Lehrmeinungen (Deutsche Ausgabe, Frankfurt a. M., 1949) S. 266 ff.

[19] Siehe *Prion*, W.: Das deutsche Finanzwunder – Die Geldbeschaffung für den deutschen Wiederaufschwung – (3. unveränderte Aufl., Berlin – Wien, 1938).

dingt eine solide, eine Vollbeschäftigung der produzierenden Wirtschaftsbetriebe. Darauf wurde schon eingangs hingewiesen.

Auf Jahre hinaus kann eine betriebsame, aber faule Kapitalbeschäftigung, die neben der großen echten, schöpferischen einhergeht, einen höheren Grad der Wirtschaftsblüte vortäuschen, als die tatsächlich bestehende. Der Stand der Lebenshaltung unserer europäischen Industrieländer könnte vierzehn Jahre nach dem Kriegsende trotz aller nachwirkenden Kriegslasten wahrscheinlich noch wesentlich höher sein, als er es unter den beträchtlichen, mühsamen Aufbauleistungen ist. Er reicht weder im Raum des „Deutschen Wirtschaftswunders" noch in den anderen Industrievolkswirtschaften Westeuropas annähernd an die Höhe der durchschnittlichen nordamerikanischen Lebenshaltung heran.

Der Staat kann den Wirtschaftskreislauf niemals in echter, wirtschaftsgemäßer Weise erfolgreich beleben. Weder durch Preisvorschriften noch durch Arbeitsbeschaffungs-Maßnahmen ist das möglich. *Er kann nur die wettbewerblichen Voraussetzungen für ihn schaffen.* Ohne die volle Wettbewerbs-Befreiung und rationelle Preissenkungen gibt es keinen sicheren, aufsteigenden gewinnerhöhenden Wirtschaftskreislauf. Der volkswirtschaftliche Mobilisierungsprozeß erfolgt deshalb zweckmäßig allein auf betriebswirtschaftliche, auf unternehmerische, marktwirtschaftliche Weise: also durch die Dynamische Preisrechnung.

4. Wirtschaftspolitische Aussichten der Dynamischen Preisrechnung

Die Ausschaltung der volkswirtschaftlichen Selektion unter den Betrieben, die Duldung der Betriebe mit höheren Kosten, der „Grenzbetriebe" geht – wenigstens in der Praxis – meist auf die Wettbewerbsbeschränkung durch die Preiseinflüsse der Kartelle und die fälschlich verallgemeinerte Anwendung der Statischen Preisrechnung der Wirtschaftsbetriebe zurück. Ungewollt organisieren diese außer ihrem Nutzen die ihnen später zugefügten Schäden. Sie organisieren diese durch die umfassenden und bisher unerforschten volkswirtschaftlichen Einflüsse der betrieblichen Preisrechnung, die ein volkswirtschaftliches Ohnmachtsmittel oder auch ein schöpferisches Machtmittel ohnegleichen ist. Sie ist ein Ohnmachtsinstrument als leichtfertig verallgemeinert angewandte Statische Preisrechnung und unterstützt von preisregelnden Kartellabreden. Sie kann als Dynamische Preisrechnung ein fruchtbringendes Machtinstrument des freien, kosten- und preissenkenden, umsatzvermehrenden Wettbewerbs werden und die Gewinne wesentlich festigen oder erhöhen. Erst als Dynamische Preisrechnung kann die Preisrechnung die der industriellen Marktwirtschaft eigene Dynamik voll entfalten und die ständig wachsenden Produktivkräfte des Industriezeitalters zum Nutzen der allgemeinen Lebenshaltung entfesseln.

So wie der Stand der industriewirtschaftlichen Umsätze mit dem steigenden Stand der Preise sich einmal senkt, so steigt er schließlich mit dem sinkenden Stand der Preise. Dem Ziel der betrieblichen Gewinnerhöhung dient die Umsatzvermehrung als Mittel. Dem Ziel der Umsatzvermehrung dient die Kaufkraftvermehrung, welche durch die gleichmäßigere Verteilung der Kaufkräfte auf die Konsumenten und die Investoren zustandekommt. Hier liegt die Wirkung, durch welche die Dynamische Preisrechnung bei allgemeiner Anwendung zugleich die höhere Lebenshaltung der Gesamtbevölkerung wie die proportionale nachfragegemäße Kapitalvermehrung herbeiführen kann.

Alle Mängel der zeitgenössischen Marktwirtschaft führen – so können wir weiter schlußfolgernd wiederholen – auf die schematisch-verallgemeinernd angewandte Statische Preisrechnung zurück: auf die Gewinnüberspannung des Augenblicks. Diese entspricht nicht den industriewirtschaftlich jederzeit möglichen und unerläßlichen Massenumsätzen der wichtigsten Waren. Zu jenen marktwirtschaftlichen Mangelerscheinungen gehören die preiserhöhenden Kartellabreden, der staatliche Dirigismus und seine zentralistischen planwirtschaftlichen Verirrungen, die auch zur völligen Zerstörung der Marktwirtschaft führen. Zu ihnen gehören als weitere Folgen die inneren und äußeren Wirtschaftskriege, die mit privatdirigistischen und staatsdirigistischen Mitteln geführt werden. Zu ihnen gehören schließlich die Klassenkämpfe, die politischen Revolutionen und die militärischen Kriege, die im Industriezeitalter jeden vernünftigen Sinn verloren haben.

Die Dynamische Preisrechnung kann bei ihrer allgemeinen Einführung jene gegenwärtig, in der überlieferten Marktwirtschaft – auch in unserer Sozialen Marktwirtschaft – noch bestehenden Mängel beseitigen. Sie allein kann die unfruchtbaren Maßnahmen der zentralen privaten und staatlichen Wirtschaftslenkung allmählich überflüssig machen. Sie kann wesentlich dazu beitragen, die inneren und äußeren Wirtschaftskriege aufzulösen, die Anlässe zu den Klassenkämpfen und militärischen Kriegen zu mildern, die Politik und Wirtschaftspolitik zu entschärfen.

Eine etwa auftauchende Befürchtung, die sich verbreitende Anwendung der Dynamischen Preisrechnung könne nachteilige deflationistische Wirkungen nach sich ziehen, ist unbegründet. Die Preissenkung erfolgt bei ihr nicht von der Geldseite, vom Geldmarkte her. Sie dient vielmehr als Quelle einer dauernden Umsatzvermehrung.

X. Technische Dynamik und unternehmerische Wirtschaftswandlung

1. Tragbare Umsatzgestaltung durch die Statische Preisrechnung in der statischen Handwerkswirtschaft

Die Statische Preisrechnung konnte nur in einer statischen Gesamtwirtschaft zu einer für die Betriebe tragbaren und für die Konsumenten erträglichen Auswirkung gelangen. Noch für das späte Mittelalter traf das zu, in dem die stadtwirtschaftlichen Beziehungen allmählich durch die Dynamik fernhändlerischer Warenbewegungen stärker durchbrochen wurden. In den Zeiten der handwerklichen vorindustriellen Wirtschaft wurde die Preisfestigkeit allenfalls periodisch durch ein zu schnelles Fortschreiten der Gold- und Silbergewinnung sowie durch die Prägung unterwertiger Edelmünzen gestört[1]. Der Warenseite kam als Quelle der Preiserhöhungen in der verhältnismäßig statischen Wirtschaft jener Zeiten nicht annähernd die Bedeutung zu wie seit dem Beginn und besonders seit dem Hochstand des Industriezeitalters.

In der einst herrschenden Handwerkswirtschaft traten in Jahrtausenden keine auffälligeren oder gar umstürzenden produktivitätserhöhenden Verfahrensänderungen der Warenerzeugung auf. Es gab wohl Maschinen und maschinelle Hilfsmittel der Produktion. Sie wurden vermehrt, aber sie führten zu keiner Beschleunigung der Produktion, sondern sie dienten nur zu deren Bewältigung schlechthin. Deshalb gab es in der Handwerkswirtschaft auch nur sehr maßvolle extensive Erweiterungen von Produktionskapazitäten: mehr an Personen als an technische Einrichtungen, Werkstätten gebundene. Es gab keine intensiven Ausweitungen von Produktionskapazitäten durch Rationalisierungen. Deshalb war die Handwerkswirtschaft statisch[2].

In der mittelalterlichen Handwerkswirtschaft fehlten aber nicht nur die vielseitigen Veränderungen der Produktionstechnik. Auch wesentliche Veränderungen in der technischen Warengestaltung gab es noch nicht. Kostensenkungen und Kostenerhöhungen durch Maßnahmen der Warenentwicklung, Fertigungs-Rationalisierung, Werbung und Organisation traten in den Handwerksbetrieben jahrhundertelang überhaupt nicht oder nur in einem verschwindenden, für den Warenumsatz nicht maßgebenden Umfang ein. Mit der Produktion, dem Vertrieb und den Umsatzmengen war

---

[1] Siehe dazu *Gaetteus*, Richard: Inflation. Das Drama der Geldentwertung vom Altertum bis zur Gegenwart. (München, 1955).

[2] Siehe über die statischen Produktionsmittel der vorindustriellen Zeit *Feldhaus*, Franz Maria: Die Maschine im Leben der Völker (Basel und Stuttgart, 1954).

auch die Kosten- und Preisrechnung statisch. Nur durch außerbetrieblich verursachte Kosteneinflüsse: durch Mißernten etwa und durch Steuerlasten entstanden in der Handwerkswirtschaft des Mittelalters und der beginnenden Neuzeit bis zur Entstehung der Industrie und bis zur Durchsetzung der Gewerbefreiheit preiserhöhende Kostenerhöhungen.

Immerhin führten also Kriegskosten, Kriegszerstörungen und Mißernten über Steuererhöhungen und Wucherzinsen schon im Mittelalter in den Handwerks-, Heimwerks- und Handelsbetrieben zu periodischen und örtlichen Kosten-, Gewinn- und Marktpreiserhöhungen. Sie verminderten auch die Warennachfrage auf den Märkten. Deshalb erhob sich immer dringender und häufiger die Forderung der Gewinnbeschränkung, des „gerechten Preises". Hinter diese Forderung stellte sich im abendländischen Kulturkreis der Handwerkswirtschaft vor allem die Kirche[3].

Die mittelalterliche Handwerkswirtschaft war moralisch stärker geführt. Im Gegensatz zu ihr ist unter dem Einfluß der industriellen Dynamik auch in der Preisberechnung und in ihren kostenrechnerischen Grundlagen die wirtschaftliche Vernunft für uns unmittelbar als Organisationsfaktor maßgebend. Erstrebt werden muß der erfolgreiche, der umsatzhebende Preis! Es versteht sich aber von selbst, daß dieser auch der gerechte Preis ist. Das wäre gegeben, wenn alle Warenpreise die Umsätze bis an die Grenzen des jeweils Möglichen erweitern[4].

2. Dynamische Entwicklung der Industriewirtschaft

Die warenumsetzende Industrietechnik wirkt, im Gegensatz zur Versuchstechnik der Forschungslaboratorien, dynamisch. Als praktische kaufmännische Anwendungsform der naturwissenschaftlich begründeten Technologie drängt sie unaufhörlich zur verfahrensmäßigen und strukturellen Ausdehnung aller Produktions- und Leistungskapazitäten. Diese ständige Ausdehnung erfordert und erzwingt einen dynamischen, d. h. einen wachsenden und in der Zusammensetzung der Gütermasse fluktuierenden Güterkreislauf. Dieser läßt sich nur durch die Dynamische Preisrechnung erfolgreich und laufend, selbsttätig koordinieren.

Unter dem Drange der industriewirtschaftlichen Möglichkeiten der Produktions- und Leistungsgestaltung wird sich das Wirtschaftsleben in geschichtlich absehbarer Zeit dynamisch vollziehen. Sein dynamischer Ablauf läßt sich am besten durch eine solidarische gesamtwirtschaftliche Leistungssteigerung koordinieren. Das notwendige solidarische Verhalten der Warenanbieter erstreckt sich auf die Marktbeziehungen zu den Wa-

[3] z. B. Thomas von Aquino in seiner Summa theologica.

[4] Siehe dazu auch: Der gerechte Preis (Schriften der Akademie für Deutsches Recht, H. I, Berlin, 1940: mit Beiträgen von Jens *Jenssen*, Sven *Helander*, Ernst *Walb*, Th. *Beste* u. a.). Ferner *Rittig, Gisbert:* Der soziale Preis (Jena, 1935) und *Moll*, Bruno: Gerechtigkeit in der Wirtschaft (Berlin, 1932) S. 70.

rennachfragern. Es erstreckt sich auf die Preisbildung und kommt in dem Verfahren der Dynamischen Preisrechnung zur Geltung.

In jeder industriellen Warenfertigung wird die Höherstufung des Fertigungsverfahrens, d. h. der Übergang von der Einzelfertigung zur Kleinserienfertigung, von dieser zur Großserienfertigung und zu weiteren Fertigungsstufen erstrebt. Gegebenenfalls kann sich dieser Höherstufungsprozeß, falls die Zusammensetzung der Ware das zuläßt, bis zur Automation erstrecken. Schon einzelne Rationalisierungs-Maßnahmen bilden Kettenglieder in dem fertigungstechnischen Höherstufungsprozeß. Letzthin hängt die Umsatzvermehrung, die sein Ziel bildet, aber von der zunehmenden Nachfrage der Verbraucher ab. Diese ist ihrerseits weitgehend preisbedingt.

So erweist sich, daß jeder Rationalisierungsstoß zur Erreichung der dynamischen Höherstufung und weiteren Umsatzvermehrung den Verbrauchern zugutekommen muß. Deren Bedarf verwandelt sich nur durch ihre wachsende reale, preisbedingte Kaufkraft in Nachfrage.

3. Aktive autonome Umsatzgestaltung durch die Dynamische Preisrechnung in der dynamischen Industriewirtschaft

Mit der Statischen Preisrechnung sind die genaue Beobachtung und die Analyse der wirklichen Angebots- und Nachfrageverhältnisse auf dem Markte, also die Aufgaben der Marktforschung verbunden. Daraus ergibt sich die Berechnung der Absatzmöglichkeiten und der Aussichten der Preisgestaltung als Grundlage für den statischen Angebotspreis und die Mengenauflage jeder Ware. Neben die Marktbeobachtung, Marktanalyse und Absatzberechnung *tritt in der Industriewirtschaft mit der Dynamischen Preisrechnung die unabhängige autonome Gestaltung der Marktverhältnisse durch die Betriebe.* Die koordinierende Preisgestaltung des einzelnen Betriebes kann sich zur autonomen, den volkswirtschaftlichen Gesamtprozeß[5] umwälzenden wirtschaftsbetrieblichen Gewalt entwickeln. Es tritt dann eine pretiale Lenkung der Marktwirtschaft jenseits des Gesetzes von Angebot und Nachfrage auf. Der aktuelle Preis wird bei den dynamisch berechneten Waren nicht mehr durch die Größe von Angebot und Nachfrage bestimmt. *Der jeweilige gesenkte Preis bestimmt bei Massenartikeln seinerseits*[6] *die Größe von Angebot und Nachfrage.*

Die Industriewirtschaft weist nicht nur die vielen Merkmale der fortschreitenden Produktionstechnik und Warengestaltung auf. Sie beruht vielmehr auf grundlegenden, die Produktivität der Warenerzeugung ständig erhöhenden Verfahrensveränderungen. Sie beschleunigt die Produktion gegenüber ihrem handwerklichen Ablauf durch maschinelle, zeitsparende Mittel. Sie erhöht den Grad ihrer Beschleunigung, die Ergiebigkeit mensch-

---

[5] Den Güter- und Geldkreislauf.
[6] Wie schon dargelegt.

licher Arbeit unaufhörlich. Dadurch führt die Industriewirtschaft zur Produktion von Massenartikeln. Die industriellen Produktionskapazitäten werden nicht nur auf extensive Weise, sondern auch auf intensive Art: durch Rationalisierungen, Verfeinerungen, Höherstufungen der Fertigungsverfahren ausgeweitet. Deshalb ist die Industriewirtschaft hochgradig dynamisch.

Erst die industrielle Massenproduktion macht die Dynamische Preisrechnung mit ihrer rationellen Nutzung der Kostensenkung für die Umsatzvermehrung möglich. Die aktive autonome Umsatzgestaltung durch die Dynamische Preisrechnung betrifft besonders Konsumgüter industriellen Ursprungs. Diese Waren stellen den Hauptteil der Massengüter der Großserien-, Fließ- und Fließbandfertigung bis zur Automation dar. Die Wahl der Fertigungsverfahren läßt sich einer weitgehend abgestuften Größe und qualitativen Veränderung des Bedarfs anpassen.

Die Waren der Massenherstellung schließen im allgemeinen von vorneherein wenigstens Phantasie- und Wucherpreise aus, soweit sie nicht durch meist kleine, äußerliche Abänderungen zu unechten Luxuswaren umgestaltet werden. Solche lassen sich nur durch eine beweisschwache, suggestive und subjektive, auf menschliche Schwächen abgestellte Leistungswerbung mit statisch berechneten Inflationspreisen umsetzen. Derartige Waren stören zwar den übrigen Umsatz solider, normal berechneter Waren gleicher Zweckbestimmung nicht. Sie schwächen aber die für deren Umsatz, den Umsatz aller hochwertigen Massenerzeugnisse verfügbaren Kaufkraftbestände der Konsumenten in empfindlicher Weise.

Nicht nur die Betriebe verschiedener Unternehmungen, sondern auch die verschiedenen Warensorten des einzelnen Betriebes, die demselben Zweckbereich dienen, z. B. der Körperpflege oder der Bekleidung, stehen im Wettbewerb um den Umsatz und die Umsatzpflege durch Preissenkungen. Auch die verschiedenen Wirtschaftszweige treten – teils für dieselben, teils für andere Zwecke – in Wettbewerb um die Kaufkraft der Konsumenten. Die gediegenste Form dieses Wettbewerbs ist der verstärkte Übergang zu echten Massenartikeln und zu der ihnen entsprechenden Dynamischen Preisrechnung mit ihrer Umsatzausweitung. Diese führt aus der Enge des allgemeinen Ringens um die knappe Kaufkraft der Konsumenten hinaus.

Während unechte Luxusartikel sich nur durch eine gekünstelte Werbung in größerem Umfange umsetzen lassen, bedürfen echte Luxuswaren einer derartigen Reklame nicht. Massenartikel erfordern aber eine sachliche Werbung. Sie empfehlen sich am leichtesten und wirksamsten durch einen niedrigen, ihrem tatsächlichen Gebrauchswerte angemessenen Preis. Dieser ist das notwendige Umsatzmittel der Massenproduktion. Er allein entspricht der technischen Dynamik des Industriezeitalters.

4. Radikales Maßhalten in der Kosten- und Gewinnsatzgestaltung

In der industrialisierten Gesamtwirtschaft stimmen die wirklichen, objektiven Belange der Unternehmer, der sonstigen Betriebsbesitzer – der Landwirte und Handwerker – sowie der Hauptkonsumenten: der Arbeitnehmer weitgehend miteinander überein. Es müssen nur subjektiv alle nach diesen Belangen handeln, also solidarisch. Das kann sich aber praktisch-durchdringend nur in der Art der in den Wirtschaftsbetrieben angewandten Preisrechnung äußern. *Nur durch die Preisrechnung kommen die einander widerstreitenden oder miteinander übereinstimmenden Ansprüche der Einkommensbezieher zustande.*

Die Statische Preisrechnung geht radikal auf angeblich schnell erzielbare Höchstgewinne aus. Da sich diese im freien Wettbewerb zu Lasten der Verbraucher nicht leicht erreichen lassen, dienen u. a. überhöhte Kartellpreise und staatliche dirigistische Maßnahmen[7] dazu, sie zu erzwingen. Auch bei der Dynamischen Preisrechnung spielt der unternehmerische Individualnutzen im Gewinnstreben die führende Rolle. Dieser finanzielle Individualnutzen kommt in ihr aber durch die Berücksichtigung des finanziellen Kollektivnutzens der Verbraucher, besonders der Konsumenten zur vollen Durchsetzung.

In der Dynamischen Preisrechnung liegt also das zusammenfassende, vollständig rationelle, organisatorische Verhalten der unternehmerischen Betriebsführung. Dieses Verhalten entspricht trotz seiner unpersönlichen sachlich-funktionellen Ausrichtung dem entscheidenden materiellen Grundsatz der Moral: „leben und leben lassen." In diesem Grundsatz zeigt sich die sozialliberale Haltung der Sozialen Marktwirtschaft im klaren Gegensatz zu der individualliberalen, in ihren wirtschaftlichen Voraussetzungen längst überholten Losung: „laissez faire, laissez passer." Das ehrenhafte, trotz allem Wettbewerb mit den Wettbewerbern und Kunden noch solidarische kaufmännische Verhalten findet seinen Ausdruck in der Formel: „leben und leben lassen." Das stärkste Wirkungsmittel dieser aktivierenden Forderung ist die Dynamische Preisrechnung.

Das „freie Kräftespiel" zur Unterdrückung der Freiheit des Wettbewerbs und zur Erzielung willkürlicher Gewinne auf Kosten von Kunden gerät in einen zunehmenden Gegensatz zur industriellen Massenproduktion. Auf solche Weise kann keine Koordination der mengenmäßigen Ausnutzung der vorhandenen Produktionskapazitäten und des Konsumentenbedarfs entstehen. Mit solchen Mitteln kann keine Harmonie im Güterkreislauf[8] zustandekommen. *Nur durch ständiges preisrechnerisches Maßhalten lassen sich ständig steigende Gewinne erzielen.* Das Maß aber, für das bis-

[7] Zölle, Subventionen usw.

[8] Siehe *Schneider,* Erich: Einführung in die Wirtschaftstheorie T. 1, Theorie des Wirtschaftskreislaufs (6. verbesserte und erweiterte Aufl., Tübingen, 1956).

her ein Maßstab fehlte, gibt die vorgeschlagene Form der Dynamischen Preisrechnung an[9].

Im Gegensatz zum industriealisierten Handwerk war das mittelalterliche Handwerk zwangsläufig an das Maßhalten in der Mengenauflage seiner Warenerzeugung und damit weitgehend auch in seiner Preisgestaltung gebunden. Dieses natürliche Maßhalten entsprang der Art seiner Warenfertigung. Für die Industrie und das Waren produzierende Handwerk bildet das Produktionstempo unmittelbar keinen Maßstab für die mögliche Mengenauflage der Produktion mehr. Das fabrikatorische und preisrechnerische Maßhalten ist aber auch in der neuzeitlichen dynamischen Industrieerzeugung von Massenartikeln möglich. Allerdings verträgt diese keine Einengung. Sie leidet in ihrer bisherigen Entwicklung gerade unter dieser. Die Erzeugung von Massenartikeln ist die natürliche Art der Industrieerzeugung. Sie bedarf der ständigen Erweiterung, der Erweiterung der Angebote. Dazu ist also die ständige Ausdehnung der Nachfrage nach den Massenartikeln nötig.

Die zunehmende Erzeugung der Massenartikel hängt mithin nur vom Maßhalten in der Preisgestaltung, von der maßvollen Preisrechnung ab. Maßhalten bedeutet in der Industriewirtschaft nicht die Drosselung der Auflagemengen der Produktion oder des Handels, sondern die Drosselung der Gewinnsätze in der Preisrechnung. Es bedeutet die angemessene Berechnung der Preise. Durch dieses Maßhalten wird der empfindliche Güterkreislauf der Industriewirtschaft gefördert. Es ist das einzige sichere und entscheidende Mittel seiner Vermehrung durch Intensivierung.

Mit der Erzeugung von Massengütern befassen sich nicht nur die Groß- und Mittelbetriebe. Seit den dreißiger Jahren widmen sich – z. B. in Deutschland – auch die Kleinindustrie und produzierende Handwerksbetriebe zunehmend der Herstellung von Massenartikeln. Die finanzielle Stärkung derartiger Betriebe für die Erfüllung dieser Aufgaben hängt davon ab, daß sie in ihrer Preisstellung Maß halten. Dazu müssen auch sie die Dynamische Preisrechnung für die umsatzbegründete Gewinnerhöhung nutzen.

So selten das radikale, umfassend durchgreifende Vorgehen im Wirtschaftsleben angebracht ist, so sehr ist es im Maßhalten am Platze. Vor allem ist das Maßhalten in der zentralen Funktion des Betriebes, in der Preisrechnung unerläßlich. Dieses Maßhalten erfolgt durch die Dynamische Preisrechnung und wirkt gesamtwirtschaftlich koordinierend.

---

[9] Siehe *Röpke,* Wilhelm: Maß und Mitte (Erlenbach – Zürich, 1950), S. 176 ff. Siehe ferner *Röpke,* a.a.O., Jenseits von Angebot und Nachfrage, S. 116. Die von Röpke empfohlene Distanzierung von den gefährlichen Sophisten und Kalkulatoren betrifft offensichtlich die ebenso einfältige wie überspitzte Gewinnerzielung der Statischen Preisrechnung in der Verallgemeinerung und Übertreibung ihrer Anwendung. Diese Distanzierung wird durch die Dynamische Preisrechnung vollzogen, die ja eine solidaristische, also nutzbringend-humane ist.

Eine „praestabilierte Harmonie" der Gesamtwirtschaft könnte vielleicht bei einem äußeren Zwang zum freien Wettbewerb der Wirtschaftsbetriebe entstehen. Allerdings dürfte die Praestabilirung der gesamtwirtschaftlichen Harmonie im betrieblichen Handeln liegen und weit mehr eine Aufgabe des moralischen Willens sein. Zu ihrer Lösung ist aber – so oder so – eine genaue und zuverlässige Berechnungsgrundlage, ein Ansatz in der Wirtschaftsrechnung nötig. Schätzungen genügen dazu nicht. Diese Aufgabe kann also nur mit der fortgeschrittenen Preisrechnung erfüllt werden. Als abstrakte allgemeine Losung oder Hypothese ist die gesamtwirtschaftliche Harmonie eine leere Formel. Erst in der Anwendung der Dynamischen Preisrechnung kann sich der moralische Wille zur gesamtwirtschaftlichen Koordinierung auf ein klares beweiskräftiges Wissen stützen. Erst durch sie kann der Unternehmer zur vollen Entfaltung seiner Leistungsfähigkeit für die Gesamtwirtschaft, zur sachgebundenen unternehmerischen Freiheit durchdringen.

Die Nutzung der unternehmerischen Wettbewerbsfreiheit dient der *Vermehrung des Wohlstands für alle*[10]. Mit der Zunahme der Betriebsumsätze, mit dem relativen und absoluten Anwachsen der Gewinne und des Sachkapitals: der vollbeschäftigten Produktionskapazitäten geht der Anstieg der allgemeinen Lebenshaltung einher. Auch die sozialen und kulturellen Aufgaben des Staates lassen sich von den höheren Steuererträgen und wegen der Schrumpfung wirtschaftsdirigistischer Staatsaufgaben, welche beide die Folge der dynamischen Umsatzsteigerung sind, ausgiebig erfüllen.

Zu allen diesen Erfolgen sind aber keine verwickelten Zwangsverfahren – weder staatliche noch private – nötig. Es brauchen keine neuen Lenkungsorgane, weder Ämter, noch Anstalten u. dergl. geschaffen zu werden. Man wird diese sogar abbauen können. Die unternehmerische Wandlung des industriellen Wirtschaftslebens kann sich unmittelbar und unaufdringlich durch die Dynamische Preisrechnung vollziehen.

---

[10] Siehe *Erhard*, Ludwig: Wohlstand für alle (Düsseldorf, 1957).

Personenregister

Sachregister

FSC
www.fsc.org
MIX
Papier | Fördert
gute Waldnutzung
FSC® C083411

Kolibri 360 GmbH
Ferdinand-Jühlke-Straße 7
99095 Erfurt, Deutschland
produktsicherheit@kolibri360.de

Druck:
CPI Druckdienstleistungen GmbH
im Auftrag der
Kolibri 360 GmbH
Ferdinand-Jühlke-Str. 7
99095 Erfurt